天津市教委科研计划项目成果 2020SK152 创业导向
人才培养行动研究

创业导向下复合应用型外贸农业人才培养行动研究

邓晓彦 ◎ 著

吉林科学技术出版社

图书在版编目（CIP）数据

创业导向下复合应用型外贸农业人才培养行动研究 / 邓晓彦著. -- 长春：吉林科学技术出版社，2022.11
ISBN 978-7-5578-9662-1

Ⅰ.①创… Ⅱ.①邓… Ⅲ.①农业经济–人才培养–研究–中国 Ⅳ.①F32

中国版本图书馆CIP数据核字(2022)第178539号

创业导向下复合应用型外贸农业人才培养行动研究

著	邓晓彦
出 版 人	宛 霞
责任编辑	蒋雪梅
封面设计	优盛文化
制 版	优盛文化
幅面尺寸	170mm×240mm 1/16
字 数	230千字
页 数	204
印 张	12.75
印 数	1-2000册
版 次	2022年11月第1版
印 次	2023年1月第1次印刷

出 版	吉林科学技术出版社
发 行	吉林科学技术出版社
地 址	长春市净月区福祉大路5788号
邮 编	130118
发行部电话/传真	0431-81629529 81629530 81629531
	81629532 81629533 81629534
储运部电话	0431-86059116
编辑部电话	0431-81629518
印 刷	定州启航印刷有限公司

书 号	ISBN 978-7-5578-9662-1
定 价	90.00元

版权所有 翻印必究 举报电话：0431-81629508

前 言

本专著为天津市教委科研计划项目成果2020SK152"创业导向下复合应用型外贸农业人才培养行动研究"。

如何促进我国农业的进一步发展？人才是发展的根本之一。正如很多城市都在尽力吸引人才促进城市的发展，农业的更快更好发展也需要不断地吸引越来越多优秀人才加入。我国农业专业高校学子正是农业发展的储备人才，要从认知上鼓励相关学生，并增加其相关必要英语技能，帮助其中有志于创业的人才利用跨境电商平台等进行农业外贸相关创业，这样能够除去很多中间环节，实现生产者与国外客户的直接对话，从而在一定程度上增加农业相关从业者的收益与获得感，而良好的收益与获得感能够会吸引更多的人才加入农业领域，促进农业的更快发展，实现农业发展的良性循环。

本研究先阐述了我国目前对于农业以及外贸发展等的相关政策，相关政策充分显示了政府对于农业、创业以及外贸发展的重视；接下来介绍创业导向下复合型外贸农业人才培养的重要性并且对相关文献进行了回顾。

本书后四章主要集中于调查研究以及教学行动研究。调查研究主要分为两份问卷，问卷一主要从专业与农业相关性、对农业现状及发展前景的认知、对农业相关工作收入及其他各方面条件的认知、在农业领域进行就业及创业意愿等方面对某农业高校约1 000名学生进行问卷调查；问卷二要求相同的参加者在回答问题前先阅读三段农业创业的成功案例，问题与第一份问卷相同。调查结束后对两次结果进行讨论。

教学行动实验选取某农业高校约50名学生进行"相关农业创业新闻＋跨

境电商等外贸技能培养"教学行动。实验前，学生需要完成农业以及创业等相关认知调查问卷；实验后，学生再次完成相关问卷。比较实验前与实验后问卷结果，组织进行相关讨论。

  本研究的目的在于促使相关专业学生在课堂上通过增加对农业相关新闻的学习使对于农业的相关认知受到影响；促使相关专业学生增加必要的外贸跨境电商等相关英语技能，教师鼓励并帮助更多学生走上农业创业之路，并使其能把眼光放到海外，让创业之路走得更远更好。

  本专著调查以及相关部分来源于天津市教委科研计划项目2020SK152"创业导向下复合应用型外贸农业人才培养行动研究"调研报告。

  本专著为天津农学院邓晓彦所著，完成过程中获得了天津农学院相关部门、相关教师以及同学们的大力帮助与支持，在此一并感谢！

邓晓彦（天津农学院基础科学学院）

2022年

目 录

第一章 研究背景 / 1

第一节 问题的发现 / 1
第二节 国家对于农业、外贸以及创业的政策支持 / 2
第三节 创业导向下复合应用型外贸农业人才培养的重要性 / 7
第四节 创业型外贸农业人才培养相关文献回顾 / 12

第二章 问题的调查研究及行动方案总体设计 / 15

第一节 调查研究 / 15
第二节 行动方案总体设计 / 27

第三章 基于行动方案效果评价的前期调查研究 / 29

第四章 创业导向下培养外贸跨境电商农业人才行动方案实施及监控 / 39

第一节 培养业务启动精神及能力行动实施及监控 / 40
第二节 培养在线商铺运营能力行动实施及监控 / 47
第三节 培养产品介绍能力行动实施及监控 / 56
第四节 培养咨询事项处理能力行动实施及监控 / 66
第五节 培养价格事项处理能力行动实施及监控 / 71
第六节 培养订单事项处理能力行动实施及监控 / 83
第七节 培养合同事项处理能力行动实施及监控 / 92
第八节 培养付款事项处理能力行动实施及监控 / 99
第九节 培养货运事项处理能力行动实施及监控 / 112

第十节　培养保险事项处理能力行动实施及监控　/　127
第十一节　培养包装事项处理能力及案例分析行动实施及监控　/　136
第十二节　培养投诉事项处理能力行动实施及监控　/　150
第十三节　培养反馈事项处理能力及案例分析行动实施及监控　/　165
第十四节　基于案例分析培养外贸农业创业精神行动实施及监控　/　170

第五章　行动方案效果评价及总结　/　175

第一节　行动方案效果评价　/　175
第二节　行动方案总结　/　189

参考文献　/　191

附录　/　195

附录1　第一份问卷　/　195
附录2　第二份问卷　/　196

第一章 研究背景

第一节 问题的发现

目前,一些人持有"农业落后,农业工作收入较低"的观点,涉农创业意愿不高。原因可能涉及如下几点。第一,从农业规模化经营来看,根据第三次全国农业普查主要数据公报,规模农业经营户为398万,大约只占登记户数2.3亿的1.7%[1],因此一些人认为农业还停留在"落后"阶段,一些考生报考农业科学类专业的热情不高,从而导致农业科学类专业失去了一些优秀人才;全国农业生产经营人员中,年龄35岁及以下的仅占19.2%,而年龄55岁及以上的占到33.6%,可见年轻人占比不高,另外全国农业生产经营人员中,受教育程度为大专及以上的仅占1.2%[2],可见农业领域需要吸引更多高校毕业生。第二,一些农业科学类相关专业毕业生对农村、农业相关工作也有一

---

[1] 国务院第三次全国农业普查领导小组办公室,中华人民共和国国家统计局. 第三次全国农业普查主要数据公报:第一号[EB/OL].(2017-12-14)[2022-06-06]. http://www.stats.gov.cn/tjsj/tjgb/nypcgb/qgnypcgb/201712/t20171214_1562740.html.

[2] 国务院第三次全国农业普查领导小组办公室,中华人民共和国国家统计局. 第三次全国农业普查主要数据公报:第五号[EB/OL].(2017-12-16)[2022-06-06]. http://www.stats.gov.cn/tjsj/tjgb/nypcgb/qgnypcgb/201712/t20171215_1563599.html.

些偏见，认为农村及一些农业相关工作的地点远离城市、工作环境差、生活不便利、工作辛苦度高、工作收入不高，且工作看起来不太体面，回到农村、进入农业是一种失败的表现，因此宁愿从事与专业不相关的工作，也不愿回到农村或进入农业领域从事能发挥自己专业特长的工作，而且目前，部分农村地区及农业一些领域确实远离城市，一些农村的基础设施等公共服务业与城市确实存在一定差距，如根据第三次全国农业普查主要数据公报，全国被调查的2.3亿农户中，使用水冲式卫生厕所仅占36.2%[①]。第三，农业生产会受到天气状况的影响，所以农业较其他行业又多了一份相对不稳定性。因此，很多人持有"农业落后，农业工作收入较低"的观点，涉农创业意愿不高。

本研究的研究假设如下：

一些地方类农业院校大一大二学生对农业整体现状及发展、对农业相关工作及农业领域创业等认知情况较差，仍停留在"农业落后，农业工作收入较低"的认知阶段，涉农创业意愿不高。阅读贴近大学生生活的农业创业成功案例将会在一定程度上改变大学生"农业落后，农业工作收入较低"的认知。

农业（尤其是外贸农业）创业成功案例等解析及跨境电商为主等外贸专业技能的培养能够对农业高校大学生农业认知产生显著性影响，增强对包括外贸农业创业的涉农创业的信心。

第二节　国家对于农业、外贸以及创业的政策支持

党的十九大报告提出实施乡村振兴战略，指出："农业农村农民问题是关系国计民生的根本性问题，必须始终把解决好'三农'问题作为全党工作重中之重。要坚持农业农村优先发展，按照产业兴旺、生态宜居、乡风文明、治理有效、生活富裕的总要求，建立健全城乡融合发展体制机制和政策体系，加快推进农业农村现代化。巩固和完善农村基本经营制度，深化农村土地制

---

① 国务院第三次全国农业普查领导小组办公室，中华人民共和国国家统计局.第三次全国农业普查主要数据公报：第四号[EB/OL].(2017-12-16)[2022-06-06]. http://www.stats.gov.cn/tjsj/tjgb/nypcgb/qgnypcgb/201712/t20171215_1563634.html.

度改革，完善承包地'三权'分置制度……构建现代农业产业体系、生产体系、经营体系，完善农业支持保护制度，发展多种形式适度规模经营，培育新型农业经营主体，健全农业社会化服务体系，实现小农户和现代农业发展有机衔接。促进农村一二三产业融合发展，支持和鼓励农民就业创业，拓宽增收渠道。"[1] 从报告中可以看出政府发展农业以及振兴乡村的决心，"完善承包地'三权'分置制度"从制度上为农业打下了基础；"构建现代农业产业体系、生产体系、经营体系，完善农业支持保护制度，发展多种形式适度规模经营，培育新型农业经营主体"展示了政府对农业人才进行现代化"适度规模经营"的鼓励态度。

2021年2月25日，全国脱贫攻坚总结表彰大会在北京人民大会堂隆重举行。中共中央总书记、国家主席、中央军委主席习近平向全国脱贫攻坚楷模荣誉称号获得者颁奖并发表重要讲话。大会还对全国脱贫攻坚先进个人、先进集体进行了表彰。习近平指出，必须把促进全体人民共同富裕摆在更加重要的位置，乡村振兴是实现中华民族伟大复兴的一项重大任务。[2] 全国脱贫攻坚总结表彰大会能够在很大程度上激励青年学子献身乡村，所以各个大学尤其是农业院校在课堂上紧密结合相关专业知识宣传为农业及乡村发展做出巨大贡献的个人和集体有助于在认知上极大地激励青年学子尤其是相关涉农专业学子树立奉献于农业、奉献于乡村的理想信念，从而引导他们在自己的专业方向上努力并且在未来的择业过程中选择农业、选择乡村。

2021年2月25日，"国家乡村振兴局"的牌子在北京市朝阳区太阳宫北街1号正式挂出，这标志着国家乡村振兴局正式成立，表明了国家全面建设乡村，全面建设现代化强国的决心，有助于推动更多的懂农业懂外贸的复合型人才进入相关农业领域工作，从而不但有利于实现农产品及其附属产品的产业化、品牌化、收益的最大化，而且有利于提高农业相关从业人员收入，实现农业现代化及乡村的全面繁荣。而农业及乡村的全面"振兴"将吸引更多的农业人才加入农业领域，从而形成农业人才与农业发展的良性循环。形

---

[1] 习近平. 决胜全面建成小康社会 夺取新时代中国特色社会主义伟大胜利：在中国共产党第十九次全国代表大会上的报告[EB/OL]. (2017-10-18)[2021-01-05]. https://www.12371.cn/2017/10/27/ARTI1509103656574313.shtml.

[2] 习近平. 在全国脱贫攻坚总结表彰大会上的讲话[EB/OL]. (2021-02-25)[2021-04-05]. https://www.12371.cn/2021/02/25/ARTI1614258333991721.shtml.

成良性循环的首要前提是吸引相关农业人才，在目前很多农业领域及乡村还不具备很大吸引力的前提下吸引农业人才显得更加意义重大及任务艰巨。农业院校是培养农业人才的重要平台，如何在学校期间就鼓励青年人才加入农业领域，未来在农业领域进行创业并掌握必要的相关技能具有现实意义。

2021年3月5日，第十三届全国人民代表大会第四次会议上，李克强在政府工作报告中指出，过去五年，农业现代化稳步推进，粮食生产连年丰收，1亿农业转移人口和其他常住人口在城镇落户目标顺利实现；提出"十四五"时期，要全面推进乡村振兴，完善新型城镇化战略，坚持农业农村优先发展，严守"18亿亩耕地红线"，实施高标准农田建设工程、黑土地保护工程，确保种源安全，实施乡村建设行动，健全城乡融合发展体制机制，建立健全巩固拓展脱贫攻坚成果长效机制，提升脱贫地区整体发展水平，深入推进以人为核心的新型城镇化战略，加快农业转移人口市民化，常住人口城镇化率提高到65%。[①]从报告所述"十四五"期间农业和乡村的规划中，我们可以推出与本研究相关的几点：第一，继续提高城镇化率后，越来越多的农村人口将会实现在城市的安居乐业，乡村以及农业的现代化发展将越来越重要；第二，提高乡村建设质量越来越得到重视。

报告还提出"持续增进民生福祉，扎实推动共同富裕"，对于共同富裕的实现，农业从业人员收入的提高将发挥重要作用，而共同富裕的实现同样离不开农业人才的贡献；"拓宽市场化就业渠道，促进创业带动就业"意为推动农业相关复合型人才进行农业创业，同时会带动周边人口就业，对于我国实现共同富裕具有非常重要的意义。

报告对于2021年工作提出多项要求。"强化农村基本公共服务和公共基础设施建设，促进县域内城乡融合发展。启动农村人居环境整治提升五年行动。加强农村精神文明建设。保障农民工工资及时足额支付。加快发展乡村产业，壮大县域经济，加强对返乡创业的支持，拓宽农民就业渠道。千方百计使亿万农民多增收、有奔头"，可见只有农村各方面条件不断改善，才能够吸引更多的人才回到乡村、进行乡村建设；"引导银行扩大信用贷款……使资金更多流向科技创新、绿色发展，更多流向小微企业、个体工商户、新型农

[①] 李克强. 政府工作报告：2021年3月5日在第十三届全国人民代表大会第四次会议上[EB/OL]. (2021-03-12)[2021-04-05]. http://www.gov.cn/premier/2021-03/12/content_5592671.htm.

业经营主体",从这里可以看出政府对包括农业的小微企业的金融支持;"稳定加工贸易,发展跨境电商等新业态新模式,支持企业开拓多元化市场。发展边境贸易。创新发展服务贸易……加强贸易促进服务,办好进博会、广交会、服贸会及首届中国国际消费品博览会等重大展会。推动国际物流畅通,清理规范口岸收费,不断提升通关便利化水平"体现了政府对对外贸易和跨境电商的鼓励。农村生活条件的改善会吸引越来越多的相关人才投入乡村建设,而国家的相关金融政策,对创业以及对对外贸易及跨境电商的支持会很大程度上吸引相关人才进行农业跨境电商外贸创业。

2022年3月5日,第十三届全国人民代表大会第五次会议上,李克强在政府工作报告提出2022年政府工作任务有"强化就业优先政策……增强创业带动就业作用""深入开展大众创业万众创新,增强双创平台服务能力。加强灵活就业服务,完善灵活就业社会保障政策""大力抓好农业生产,促进乡村全面振兴""加快发展外贸新业态新模式,充分发挥跨境电商作用,支持建设一批海外仓"。[①]从以上内容可以看出政府在鼓励与支持农业发展、创业与跨境电商方面政策的连贯性。

《中华人民共和国国民经济和社会发展第十四个五年规划和2035年远景目标纲要》(以下简称《纲要》)指出:"我国发展不平衡不充分问题仍然突出,重点领域关键环节改革任务仍然艰巨,创新能力不适应高质量发展要求,农业基础还不稳固,城乡区域发展和收入分配差距较大","展望2035年",要"基本实现""农业现代化"。[②]

《纲要》所提的"十四五"时期经济社会发展主要目标中有以下与本研究紧密相关的内容。

巩固完善农村基本经营制度,落实第二轮土地承包到期后再延长30年政策,完善农村承包地所有权、承包权、经营权分置制度,进一步放活经营权。发展多种形式适度规模经营,加快培育家庭农场、农民合作社等新型农业经营主体,健全农业专业化社会化服务体系,实现小农户和现代农业有机衔接。

---

① 李克强. 政府工作报告:2022年3月5日在第十三届全国人民代表大会第五次会议上[EB/OL]. (2022-03-12)[2022-04-15]. http://www.gov.cn/premier/2022-03/12/content_5678750.htm.
② 新华社. 中华人民共和国国民经济和社会发展第十四个五年规划和2035年远景目标纲要[EB/OL]. (2022-03-13)[2021-04-03]. http://www.gov.cn/xinwen/2021-03/13/content_5592681.htm.

优化国际市场布局，引导企业深耕传统出口市场、拓展新兴市场，扩大与周边国家贸易规模，稳定国际市场份额，加快发展跨境电商，鼓励建设海外仓，保障外贸产业链供应链畅通运转。创新发展服务贸易。办好中国国际进口博览会、中国进出口商品交易会、中国国际服务贸易交易会等展会。

允许入乡就业创业人员在原籍地或就业创业地落户并享受相关权益，建立科研人员入乡兼职兼薪和离岗创业制度。

从以上内容可以看出：第一，国家支持农业的发展，支持农业现代化以及共同富裕；第二，国家支持外贸发展；第三，国家支持创新创业。

《国务院办公厅关于推进对外贸易创新发展的实施意见》提出，要"促进跨境电商等新业态发展……支持建设一批海外仓……推广跨境电商应用，促进企业对企业（B2B）业务发展。研究筹建跨境电商行业联盟""不断提升贸易便利化水平""扩大贸易外汇收支便利化试点，便利跨境电商外汇结算"，"强化"对"中小微外贸企业"的"政策支持"，"加强国际物流保障"；"办好进博会、广交会等一批综合展会……研究推行中国进出口商品交易会线上线下融合办展新模式……优化现有展会，培育若干知名度高、影响力大的国际展会""推进贸易畅通工作机制建设。落实好已签署的共建'一带一路'合作文件，大力推动与重点市场国家特别是共建'一带一路'国家商建贸易畅通工作组、电子商务合作机制""支持企业利用线上展会、电商平台等渠道开展线上推介、在线洽谈和线上签约等。推进展会模式创新，探索线上线下同步互动、有机融合的办展新模式"；"提高农业产业竞争力，建设一批农产品贸易高质量发展基地""提升农产品精深加工能力和特色发展水平，扩大高附加值农产品出口"。①

从上述内容可以看出国家鼓励农产品出口，如"扩大高附加值农产品出口"，通过建设海外仓等促进跨境电商的发展，同时支持"展会"促进出口，通过"一带一路"加强贸易合作。

从上述文件中我们可以看出政府对于农业及乡村发展、创业以及外贸与跨境电商出口的支持。

---

① 中华人民共和国国务院办公厅. 国务院办公厅关于推进对外贸易创新发展的实施意见 [EB/OL]. (2020-11-09)[2021-02-03]. http://www.gov.cn/zhengce/content/2020-11/09/content_5559659.htm.

第三节　创业导向下复合应用型外贸农业人才培养的重要性

一、农业以及外贸发展现状对外贸农业创业人才的需求

2022年1月14日，我国国家统计局官方网站发布《国家统计局、农业农村部有关负责人就2020年全国农业及相关产业增加值数据答记者问》，其中提到："为全面准确反映农业生产、加工、物流、营销、服务等全产业链价值，国家统计局制定了《农业及相关产业统计分类（2020）》，与农林牧渔业相比，农业及相关产业主要增加了三方面内容：一是产品为农林牧渔业所用的经济活动，比如肥料、农兽药、农机、渔业船舶等农林牧渔业生产资料制造，以及农田水利设施建设。二是直接使用农林牧渔业产品的经济活动，比如粮油、肉蛋奶、果菜茶等食用农林牧渔业产品加工与制造，棉麻、木竹、天然橡胶等非食用农林牧渔业产品加工与制造。三是依托农林牧渔业资源所衍生出来的经济活动，比如农林牧渔业及相关产品批发零售和仓储配送、农林牧渔业休闲观光和乡村旅游、农业科技信息服务、农业金融服务等。从核算结果看，2020年全国农业及相关产业增加值为166 900亿元，是当年农林牧渔业增加值的2.05倍，占GDP比重达到16.47%，更加全面反映了农业全产业链价值，更加充分体现了农业农村经济在国民经济中的重要地位。"[①]可以看出，农业涉及领域众多，在国民经济中占有重要地位。

2021年1月14日，商务部外贸司负责人谈2020年全年我国对外贸易情况时提到："过去一年，面对新冠肺炎疫情的严重冲击和异常复杂的国际形势，以习近平同志为核心的党中央总揽全局、科学决策，统筹疫情防控和经济社会发展取得重大战略成果，为外贸工作提供根本遵循……2020年中国外贸逆势增

---

① 中华人民共和国国家统计局. 国家统计局、农业农村部有关负责人就2020年全国农业及相关产业增加值数据答记者问[EB/OL]. (2022-01-14)[2022-03-03]. http://www.stats.gov.cn/tjsj/sjjd/202201/t20220114_1826336.html.

长、好于预期，并刷新历史纪录……一季度急剧下降，二季度攻防转换，三季度、四季度稳步回升，逐月向好，走出一条令人振奋的'V'形反转曲线。这是中国外贸综合竞争力的充分体现，更是国际市场和全球消费者对中国外贸投下的信任票"；2020年"出口17.93万亿元，增长4%"；"据世贸组织最新数据，2020年前3季度，我出口增速高于全球9.6个百分点，国际市场份额大幅跃升，货物贸易第一大国地位更加巩固"；"跨境电商成为企业开展国际贸易的首选和外贸创新发展排头兵……超万家传统外贸企业触网上线、提质增效。1 800多个海外仓成为海外营销重要节点和外贸新型基础设施"。①

2021年5月10日，商务部外贸司负责人所谈的2021年1—4月我国外贸运行情况中有以下几点值得注意。

进出口、出口增速创10年来同期最高水平。1—4月，全国进出口、出口、进口同比（下同）分别增长28.5%、33.8%和22.7%，其中进出口、出口增速为2011年以来同期最高水平。与2019年同期相比，进出口、出口、进口分别增长21.8%、24.8%和18.4%。4月当月进出口3.15万亿元，为月度历史第二高值。

深耕传统市场、开拓新兴市场取得积极成效。1—4月，对欧盟、美国、日本、香港等传统市场出口分别增长36.1%、49.3%、12.6%和30.9%，拉高整体出口增速16.8个百分点。对东盟、拉丁美洲、非洲等新兴市场出口分别增长29%、47.1%和27.6%，拉高整体出口增速8.6个百分点。

外贸主体不断壮大，民营企业继续发挥主力军作用。1—4月，新增对外贸易经营者备案61 655家。民营企业出口3.53万亿元，增长45%，拉高整体出口增速23.2个百分点，占比较去年同期提高4.4个百分点至55.9%。

新业态新模式蓬勃发展，内生动力进一步增强。跨境电商保持高速增长，1—3月进出口金额4 195亿元，增长46.5%……4月，第129届广交会成功在网上举办，2.6万家企业参展，来自227个国家和地区的采购商注册观展，给疫情之下的全球展客商带来新商机。②

---

① 中华人民共和国商务部对外贸易司. 商务部外贸司负责人谈 2020 年全年我国对外贸易情况 [EB/OL]. (2021-01-14)[2021-01-14]. http://wms.mofcom.gov.cn/article/wmyxqk/202103/20210303046347.shtml.

② 中华人民共和国商务部对外贸易司. 商务部外贸司负责人谈2021年1～4月我国外贸运行情况[EB/OL]. (2021-05-10)[2021-05-13]. http://wms.mofcom.gov.cn/article/wmyxqk/202105/20210503060337.shtml.

从上面的商务部外贸司提供的数据可以看出,由于我国疫情防控有力,我国的外贸出口在世界疫情防控期间取得了较大增长。与2019年同期的出口总值相比,2020年增长4%,2021年1—4月取得了更加快速的增长,为24.8%;我国相当多的企业进行出口,而且出口地区非常广泛;由于疫情防控期间的特殊性,跨境电商发挥的作用日益重要,而且网上展会的举行也更加凸显了"互联网+"的重要性。

中华人民共和国商务部对外贸易司在2019年12月发布的农产品的《中国进出口月度统计报告》显示:"2019年1至12月,中国农产品出口金额为785.7亿美元,同比下降0.9%。2019年12月,中国农产品出口金额为81.6亿美元,环比增长7.9%,同比出口金额增长7.5%。"①

中华人民共和国商务部对外贸易司在2020年7月发布的《中国进出口月度统计报告》显示:"2020年1至7月,中国农产品出口金额415.9亿美元,同比下降3.3%。2020年7月,中国农产品出口金额64.3亿美元,环比增长6.2%,同比出口金额下降0.7%。"②受疫情影响,农产品出口额同比有所下降,但随着对疫情的有效控制,出口金额在7月同比基本持平。而且2020年3月,出口金额环比与同比都有较大增长:"2020年3月,中国农产品出口金额为67.4亿美元,环比增长129.9%,同比出口金额增长4.0%。"③2020年4月,同比金额也有所增长:"2020年4月,中国农产品出口金额为64.9亿美元,环比下降3.8%,同比出口金额增长5.4%。"④

在主要农产品中,"2019年1至12月,中国出口食用菌罐头数量为259 911.3吨,同比增长6.0%,金额为89 995.9万美元,同比增长54.5%,平均单价为3 462.6美元/吨,同比增长45.7%。"⑤;"2019年1至12月,中国出口花卉金额为35 956.7万美元,同比增长14.6%。2019年12月,中国出口花卉

---

① 中华人民共和国商务部对外贸易司. 中国进出口月度统计报告:农产品[EB/OL]. [2021-02-01]. http://wms.mofcom.gov.cn/article/zt_ncp/table/2019_12.pdf.

② 中华人民共和国商务部对外贸易司. 中国进出口月度统计报告:农产品[EB/OL]. [2021-02-01]. http://wms.mofcom.gov.cn/article/zt_ncp/table/2020_07.pdf.

③ 中华人民共和国商务部对外贸易司. 中国进出口月度统计报告:农产品[EB/OL]. [2021-02-01]. http://wms.mofcom.gov.cn/article/zt_ncp/table/2020_03.pdf.

④ 中华人民共和国商务部对外贸易司. 中国进出口月度统计报告:农产品[EB/OL]. [2021-02-01]. http://wms.mofcom.gov.cn/article/zt_ncp/table/2020_04.pdf.

⑤ 中华人民共和国商务部对外贸易司. 中国进出口月度统计报告:食用菌罐头[EB/OL]. [2021-02-02]. http://wms.mofcom.gov.cn/article/zt_ncp/table/guantou_1912.pdf.

金额为 4 157.3 万美元（29 253.5 万元人民币），环比增长 42.7%，同比出口金额增长 10.8%"，主要出口地区为亚洲、非洲、欧洲、南美洲、北美洲与大洋洲[①]。可见，无论是原始农产品还是农产品加工产品，出口金额都较大。因此，农业外贸人才也将在我国农产品对外贸易中发挥巨大作用。

农业农村部信息中心和中国国际电子商务中心在 2021 年 12 月共同发布的《全国农产品跨境电子商务发展报告（2020—2021）》显示："2020 年，农产品……出口额 760 亿美元……目前，我国已稳居……第五大出口国……是大蒜、生姜、罗非鱼、苹果、茶叶等产品的最大出口国"；"据中国国际电子商务中心研究院测算，2020 年，我国农产品跨境电商零售……出口额为 1.6 亿美元"；"农产品跨境电商保持良好发展势头，催生了农产品跨境电商直播新业态新模式"，但同时"跨境电商应用意识有待加强、跨境电商运营能力亟需提高……专业人才短缺"；"随着《区域全面经济伙伴关系协定》（RCEP）、《中欧地理标志产品协定》等生效，制约农产品跨境电商发展的相关标准规则有望在多双边市场率先实现突破、协同，将促进农产品跨境电商国际营商环境持续改善，为农产品跨境电商发展带来新的机遇"[②]。

目前我国农业的发展前景良好，2020 年虽然遭受了新冠肺炎疫情的冲击，但是农业的发展仍保持了增速。"从城镇非私营单位看，在统计的 19 个行业门类中……农、林、牧、渔业，公共管理、社会保障和社会组织，信息传输、软件和信息技术服务业平均工资增速均超过 10%。在疫情影响下，在线办公、在线教育和远程问诊等新消费需求持续旺盛，带动互联网和相关服务行业平均工资快速增长。"[③] 从以上国家统计局网站提供的数据可以看出，如今，互联网交易发挥的作用越来越重要，农、林、牧、渔业发展较好。

但同时，国家统计局网站显示，"农、林、牧、渔业""2020 年城镇私营单位分行业就业人员年平均工资"为"38 956 元"，"为全国平均水平的

[①] 中华人民共和国商务部对外贸易司. 中国进出口月度统计报告：花卉 [EB/OL]. [2021-02-02]. http://wms.mofcom.gov.cn/article/zt_ncp/table/huahui_1912.pdf.

[②] 中华人民共和国农业农村部信息中心，中国国际电子商务中心. 全国农产品跨境电子商务发展报告（2020—2021）[EB/OL]. [2022-05-02]. http://www.moa.gov.cn/xw/bmdt/202112/P020211210717738836596.pdf.

[③] 中华人民共和国国家统计局. 国家统计局人口和就业统计司副司长孟灿文解读 2020 年城镇单位就业人员平均工资数据 [EB/OL]. (2021-05-19)[2021-05-20]. http://www.stats.gov.cn/tjsj/sjjd/202105/t20210519_1817670.html.

67%"。①由此可见，从整个社会来看，农业从业人员的工资收入仍处于较低水平，而较低的收入会使更多的人才远离农业行业，非常不利于农业的后续发展。因此，农业发展的突破口必须是增加农业从业人员收入。而复合应用型外贸农业能够很好地将我国农业与外贸的发展优势相结合，通过跨境电商等实现无中间环节的直接交易，获得更多收益，并且带动更多农业相关从业人员实现共同富裕，促进我国农业的进一步发展。

二、农业创业复合应用型人才的领头作用

国家乡村振兴局官网发布于2021年3月25日的报道《依托电商平台，推动农村产业升级——帮乡亲就业 助乡村振兴》介绍了快递、玩具业、养殖等各个产业基于电商的发展，正如所报道的那样，依托电商平台，一方面，消费者可以对农产品进行追踪；另一方面，农产品及相关产业也得到了繁荣发展。②国家乡村振兴局官网发布于2021年3月23日的报道《云南澜沧"产业＋技能"模式留下带不走的产业、带不走的技能 脱贫后的生活越过越踏实》主要报道了两个事例，第一个是中国工程院院士专家团队带领村民利用技术进行种植和办酒厂，第二个是一位中学教师带领村民利用非物质文化遗产进行脱贫。③从这两个例子我们可以看出，在乡村的振兴中，复合型专业人才在带领农民进行脱贫致富上具有关键作用。

国家乡村振兴局官网发布于2021年2月25日的报道《看得见摸得着 学了就能鼓腰包》重点介绍了对农民进行种植及电商销售培训从而提升农民技能及综合素质帮助农民致富的事例，一方面反映出专业人才培训普通农民、带领普通农民的重要性，另一方面也反映出互联网时代基于网络销售的便利性及重要性。同时，报道中"教技术的多，讲经营销售的少""现在，农民对培训需求的面更广了，培训内容应从偏重生产环节向产业全链条拓展，从突出一产向三产融合拓展""对发展潜力大的农村党员和产业带头人，培训应突

---

① 中华人民共和国国家统计局. 2020年城镇私营单位就业人员年平均工资57727元[EB/OL]. (2021-05-19)[2021-05-20]. http://www.stats.gov.cn/tjsj/zxfb/202105/t20210519_1817668.html.

② 马原. 依托电商平台，推动农村产业升级：帮乡亲就业 助乡村振兴[EB/OL]. (2021-03-25)[2021-04-12]. http://nrra.gov.cn/art/2021/3/25/art_4317_188019.html.

③ 赵黎浩. 云南澜沧"产业＋技能"模式留下带不走的产业、带不走的技能 脱贫后的生活越过越踏实[EB/OL].(2021-03-23)[2021-04-12].http://nrra.gov.cn/art/2021/3/23/art_4316_187979.html.

出绿色发展、品牌创建、市场营销、风险防控等内容,提升产业发展水平和带动能力"等内容更加强调了专业人才的重要性,也更加突出了农村对于营销等人才的渴求,而农业专业复合型人才正可以成为乡村振兴的领头人。[①]

农业是衣食之源、生存之本,在国民经济中居于基础地位。而人才的重要性不言而喻,众所周知,近些年,我国许多城市都出台了相关优惠政策吸引各方面人才,发展农业,人才也是根本因素之一。基于上述案例,农业繁荣发展必定离不开人才的培养与引进。本研究的目的在于培养更多复合型农业人才,并且让更多相关农业人才提高对农业的认识,未来愿意进行包括外贸农业创业的农业创业等农业相关工作。

第四节 创业型外贸农业人才培养相关文献回顾

迪克认为,"话语"对人的认知具有影响作用。[②]Brown 和 Yule 认为"尤其是心理语言学家……认为语篇的呈现方式对于理解过程以及后续的回忆过程具有重要的影响"[③]。Martin 认为"成为积极的当然依赖于采取一种立场,并且积极地评价社会变化的一些方面"[④]。由 Ungerer 和 Schmid 的研究可知,"框架可以被视为一种描述认知语境的方式,而这种认知语境提供了认知种类的背景,并且也与认知种类相联系"[⑤],"视角的基础主要是由吸引某人注意力的认知能力提供的"[⑥]。

因此,教师介绍案例这一行为可以被视作一个语篇,一个"框架",以

[①] 常钦.看得见摸得着 学了就能鼓腰包:话说新农村[EB/OL].(2021-02-25)[2021-04-12]. http://nrra.gov.cn/art/2021/2/25/art_4317_187382.html.

[②] 迪克.作为话语的新闻[M].曾庆香,译.北京:华夏出版社,2003:106.

[③] BROWN G, YULE G. Discourse analysis[M]. London: Cambridge University Press, 2000: 134.

[④] 马丁. Positive discourse analysis: solidarity and change[J]. 英语研究, 2006, 4(4): 21-35.

[⑤] UNGERER F, SCHMID H J. An introduction to cognitive linguistics[M]. Beijing: Foreign Language Teaching and Research Press, 2001: 210.

[⑥] UNGERER F, SCHMID H J. An introduction to cognitive linguistics[M]. Beijing: Foreign Language Teaching and Research Press, 2001: 209.

学生感兴趣的视角介绍农业方面的正面新闻以及案例能帮助学生更好地进行理解并给予学生更深的印象，以对学生的认知产生一定影响。

本研究根据 Vygotsky 的"最近发展区"理论（"最近发展区无疑是 Vygotsky 概念中最有名的概念"[①]，"最近发展区指个体在一定帮助下可能达到成果与个体自我可能达到成果之间的差异"[②]）开展，通过了解学生的英语基础完成相关教学以及学习任务。

关于我国农业创业人才培养相关等及跨境电商相关等的研究有很多。有学者对大学生创业意愿进行了调查，如刘灵辉、唐海君和苏扬研究表明"农村大学生对农业的兴趣程度与其返乡创建家庭农场的意愿呈正相关"[③]；钟苹、魏海勇、马乔丹通过"在全国范围内，随机选取华北、华南及中部地区的四所高校进行抽样调查"，获得了"有效问卷 598 份"，调查结果显示"创业意愿强的人数占比较高""仅有 14.5% 的人选择'不太感兴趣'""在创业领域方面，倾向于与自身专业相关领域的占 27.6%"[④]。从上述数据我们可以看出，对农业类相关专业大学生进行一定引导能够促进大学生农业类创业。有学者研究了农业相关创业人才培养，如周晓璇和吴国卿提出"通过'意识培养—素质提升—实战操作'三阶段培养、'课程群组—科研训练—第二课堂—创客空间'四平台实践、'政策—资源—专业—文化—师资'五融合保障，探索构建大学生创新创业教育模式"[⑤]。关于跨境电商教学的研究，第一方面是关于跨境电商人才需求的研究，如张崇辉、张乐、苏为华"通过对 248 家企业调查"，提出"设立'跨境电子商务 +'课程体系，形成校企联动机制，保证人才供给与需求信息相对称；建立跨境电商人才交流平台，完善人才配套政策，助力

[①]KINGINGER C. Defining the zone of proximal development in US foreign language education[J]. Applied linguistics, 2002, 23(2): 240-261.

[②]SWAIN M, KINNEAR P, STEINMAN L. Sociocultural theory in second language education: an introduction through narratives[M]. Beijing: Foreign Language Teaching and Research Press, 2018: 18.

[③] 刘灵辉, 唐海君, 苏扬. 农村大学生返乡创建家庭农场意愿影响因素研究[J]. 四川理工学院学报（社会科学版）, 2018, 33(3): 1-20.

[④] 钟苹, 魏海勇, 马乔丹. 农村籍大学生创业现状调查与对策研究[J]. 中国高等教育, 2020(2): 40-42.

[⑤] 周晓璇, 吴国卿. 新时代背景下的大学生创新创业教育模式实证研究：以安徽农业大学为例[J]. 安徽农业大学学报（社会科学版）, 2018, 27(6): 131-136.

产业竞争力提升"[①]；第二方面是关于跨境电商人才培养的研究，如"廖润东将跨境电商人才培养分为三个环节，以实践为核心，将理论教学、实践教学和校外实际顶岗实习相关联"[②]；第三方面是关于农业跨境电商模式的研究，如胡一波"浅析我国'跨境电商+农民专业合作社'模式的构建"，提出这一模式需要政府支持和监管、人才培养、金融支持、信用保障的"保障措施"[③]。但是，以跨境电商平台等为基础进行高校农业创业人才培养的研究还较少见。

关于任务型教学的研究有很多，如马冬丽认为"任务型教学"可以有不同的"中心"，可以是"以语言为中心的任务"也可以是"以学生为中心的任务"。[④]

本研究将以模拟的对话以及写作、翻译等任务为基础开展教学行动。本书中一些研究数据为四舍五入保留两位小数的约数。

[①] 张崇辉，张乐，苏为华. 基于中小企业视角的跨境电商人才需求分析[J]. 调研世界，2020(7): 12-17.

[②] 廖润东. 高职院校"八位一体、三段式"跨境电商人才培养模式探析[J]. 职业技术教育，2020, 41(11): 37-40.

[③] 胡一波. 浅析我国"跨境电商+农民专业合作社"模式的构建[J]. 辽宁农业科学，2019(4): 32-35.

[④] 马冬丽. 走向批评性语言教学的外语教学法[J]. 教学与管理，2012(30): 124-125.

第二章　问题的调查研究及行动方案总体设计

第一节　调查研究

一、研究假设

本调查研究所关注的问题主要有以下两个：

（1）大学生对农业整体现状及发展、对农业相关工作及农业领域创业等的认知情况。部分大学生对农业的认知仍停留在"农业落后，农业工作收入较低"的阶段，涉农创业意愿不高。

（2）阅读农业领域等相关新闻尤其是贴近大学生生活的农业创业成功案例会对相关学生的涉农认知（对农业整体现状及发展、对农业相关工作及农业领域创业等的认知）产生一定影响。

二、研究对象

本研究的研究对象为某农业高校大一大二学生约 1 000 名。

之所以选择大一大二学生，一方面是因为大学前两年的学习内容主要是基础课程，受到的专业的影响并不是很大，因此对他们的调查虽然代表的是地方类农业院校低年级学生的认知情况，但也能够从一定程度上反映大学生对农业发展及农业类相关工作等整体的认知情况；另一方面是因为他们就读于农业高校，所读的专业大多和农业相关，对自己的专业也有基本了解。本次调查主要反映的是农业类高校学生对农业及农业领域创业等的看法。

三、研究方法

研究方法为大样本问卷调查。主要包含两份自编问卷。

第一份问卷[①]主要包含9个问题。涉及专业与农业相关性、对农业现状及发展前景认知、对农业相关工作收入及其他各方面条件认知、在农业领域进行就业及创业意愿。问题形式主要分为选择性问题（8个）及开放性问题（1个）。其中选择性问题主要参考利克特量表[②]制作。

第二份问卷[③]要求参加者在回答问题前先阅读三段包含外贸农业创业的农业创业新闻，然后再回答问题，问题与第一份问卷基本一致。

对8个问卷问题进行克龙巴赫a系数[④]检验，克龙巴赫a系数为0.733，大于0.7，因此本问卷的数据可靠性较高。

四、研究过程

第一步，在大一与大二各专业中（不包含人文相关专业），按照英语成绩按比例选取总共大约1 000名学生。之所以按照英语成绩进行按比例选取主要是因为问卷中有一个问题涉及外贸创业，考虑到此问题与英语基础的相关性较大，就按照英语成绩及专业进行了参加者的挑选。

第二步，约1 000名学生完成第一份问卷，隔几天后，同一批学生完成第二份问卷。

---

① 见附录1。
② 利克特量表：消费者研究中最常使用的态度测量量表。在该量表中，用一个数字化尺度记录答案，答案在量表的一端是完全同意，在另一端是完全不同意。
③ 见附录2。
④ 克龙巴赫a系数：组成测验的各个项目间协方差之和在测验总分方差中所占的比例。是衡量测验内部一致性的信度。

五、研究结果

（一）第一次问卷结果

对于第一次问卷，即第一份问卷实际回收有效问卷1159份，问卷结果如表2-1所示。

表2-1 第一次问卷结果

题 目	选项A	选项B	选项C	选项D	选项E
您的专业和农业相关吗？ A. 相关 B. 有一点相关 C. 不确定 D. 不相关 E. 完全不相关	42.21%	34.33%	6.42%	11.30%	5.74%
您认为目前农业发展： A. 好 B. 一般 C. 不确定 D. 落后 E. 非常落后	51.58%	40.21%	5.13%	2.99%	0.09%
您认为农业发展前景： A. 好 B. 一般 C. 不确定 D. 不好 E. 非常不好	73.75%	19.71%	4.76%	1.70%	0.09%
总体来说，您认为农业相关工作收入： A. 高 B. 一般 C. 不确定 D. 低 E. 非常低	5.56%	52.87%	22.50%	17.88%	1.20%
您认为农业相关工作除收入以外其他各方面条件总体上： A. 好 B. 一般 C. 不确定 D. 不好 E. 非常不好	12.78%	53.60%	20.24%	13.04%	0.34%
您希望未来在农业相关领域就业吗？ A. 希望 B. 有一点希望 C. 不确定 D. 不希望 E. 完全不希望	19.28%	32.10%	37.18%	10.24%	1.20%

续 表

题　目	选项A	选项B	选项C	选项D	选项E
您希望未来在农业相关领域创业吗？ A.希望　B.有一点希望　C.不确定 D.不希望　E.完全不希望	16.62%	27.13%	40.48%	14.30%	1.46%
您希望未来在外贸农业相关领域（农业相关产品等出口）创业吗？ A.希望　B.有一点希望　C.不确定 D.不希望　E.完全不希望	22.02%	31.71%	36.33%	8.74%	1.20%

从"您的专业和农业相关吗？"这一题目的选择情况可以看出，大约76.54%的同学的专业和农业有一定的相关性（"相关"以及"有一点相关"）。

对于"目前农业发展"的看法，仅有大约3.08%的同学认为农业发展不太好（"落后"以及"非常落后"），说明年轻一代对于农业的发展现状是比较肯定的。

对于"农业发展前景"的看法，仅有大约1.79%的同学认为"农业发展前景"较差（"不好"以及"非常不好"），说明年轻一代对于未来农业的发展非常有信心。

对于"农业相关工作收入"的看法，选择为"低"和"非常低"的比例之和约为19.08%，这说明一部分人对农业工作待遇的认可度较低；只有约5.56%的同学选择"高"，这与研究假设是比较相符的。

对于"农业相关工作除收入以外其他各方面条件总体上"的看法，选择为"一般"的约为53.60%，与第四道题相同选项比例相当；认为"好"的约为12.78%，显然高于第四题中"好"的选项的比例，这说明除了"收入"以外，很多同学对其他条件的满意率还是较高的。

关于"未来在农业相关领域就业"，大约51.38%的同学对于"在农业相关领域就业"有一定的希望（"希望"和"有一点希望"），约37.18%的同学表示不确定，说明有很多同学的想法还是可以改变的，这也更加体现了进行一定引导的必要性。

关于"未来在农业相关领域创业",约40.48%的同学表示"不确定";同时,约43.75%的同学表达了一定的愿望("希望"和"有一点希望"),约16.62%的同学明确表示了相关愿望。

关于"未来在外贸农业相关领域创业",约36.33%的同学表示"不确定";但同时,高达约53.73%的同学表达了一定的愿望("希望"和"有一点希望"),约22.02%的同学明确表示了相关愿望。相比较第七题中约43.75%的同学表达了一定的愿望("希望"和"有一点希望"),约16.62%的同学明确表示了相关愿望",这道题的结果看起来与第七题的答案存在一定矛盾,但经仔细分析,由于这道题位于第七题后面,应该是部分同学想特别尝试一下国际业务领域。

开放性问题"关于您的上述第五个问题(您认为农业相关工作除收入以外其他各方面条件总体上 A. 好 B. 一般 C. 不确定 D. 不好 E. 非常不好)回答,您可以具体说一下其他各方面条件主要指的哪些方面条件吗?"的答案主要集中在以下几个方面:"工作地点""工作环境""工作风险""工作条件""工作类型""工作对象""工作压力""工作时间""工作量""工作内容""工作自由度""学历要求""技术需求""工作效率""工作的难易程度""工作收成保障""人文关怀""就业前景""工作稳定程度""工作氛围""工作人员的数量质量水平""合作人员""公司发展前景""个人追求""职业的乐趣""成就感""社会认可度""国家政策""社交""子女教育""社会贡献""家人的支持与否""身体素质""精神生活"等。因此,要提高青年学生对农业的认知度,就要注意以上因素的影响。

总的来看,超过一半的同学对"农业发展"以及"农业发展前景"充满信心,但对相关工作的收入并不是很满意;同时,大约一半的同学对于涉农就业及创业表达了一定的愿望。

(二)第二次问卷结果

第二次问卷(第二份问卷)共回收有效问卷1134份,结果如下表2-2所示。

表2-2 第二次问卷结果

题 目	选项A	选项B	选项C	选项D	选项E
您的专业和农业相关吗？ A. 相关　B. 有一点相关 C. 不确定 D. 不相关　E. 完全不相关	41.68%	41.33%	4.60%	9.65%	2.74%
您认为目前农业发展： A. 好　B. 一般　C. 不确定 D. 落后　　E. 非常落后	43.11%	48.53%	5.51%	2.67%	0.18%
您认为农业发展前景： A. 好　　B. 一般　C. 不确定 D. 不好　E. 非常不好	60.75%	30.55%	7.19%	1.42%	0.09%
总体来说，您认为农业相关工作收入： A. 高　B. 一般　C. 不确定 D. 低　　E. 非常低	7.31%	50.93%	25.73%	14.71%	1.32%
您认为农业相关工作除收入以外其他各方面条件总体上： A. 好　　B. 一般　C. 不确定 D. 不好　E. 非常不好	13.74%	52.66%	20.12%	13.12%	0.35%
您希望未来在农业相关领域就业吗？ A. 希望　B. 有一点希望 C. 不确定 D. 不希望　E. 完全不希望	18.30%	36.07%	36.60%	7.69%	1.33%
您希望未来在农业相关领域创业吗？ A. 希望　B. 有一点希望 C. 不确定 D. 不希望　E. 完全不希望	16.93%	29.10%	40.83%	11.29%	1.85%
您希望未来在外贸农业相关领域（农业相关产品等出口）创业吗？ A. 希望 B. 有一点希望　C. 不确定 D. 不希望　　E. 完全不希望	19.66%	37.04%	34.22%	8.38%	0.71%

对于开放性问题"关于您的上述第五个问题（您认为农业相关工作除收入以外其他各方面条件总体上 A. 好 B. 一般 C. 不确定 D. 不好 E. 非常不好）回答，您可以具体说一下其他各方面条件主要指的哪些方面条件吗"，答案主要集中在以下几个方面："工作地点""工作环境""工作时间""工作前景""工作内容""工作压力""工作方式""工作条件""工作难度""工作兴趣""工作氛围""工作对象""工作设备""职业稳定程度""收入""人才培养""个人价值""科技含量""社交""工作仪表""人文关怀""社会认可度""子女教育""家人对工作的支持程度""国家政策""与新兴产业联动"。因此，要提高青年学生对农业的认知度，就要注意以上因素的影响。

（三）两次问卷结果对比

两次问卷结果对比如表 2-3 至表 2-5 所示。

表2-3　两次问卷对比结果

题　目	次　数	选项 A	选项 B	选项 C	选项 D	选项 E
您的专业和农业相关吗？ A. 相关　B. 有一点相关 C. 不确定 D. 不相关　E. 完全不相关	第一次	42.21%	34.33%	6.42%	11.30%	5.74%
	第二次	41.68%	41.33%	4.60%	9.65%	2.74%
您认为目前农业发展： A. 好　B. 一般 C. 不确定 D. 落后　E. 非常落后	第一次	51.58%	40.21%	5.13%	2.99%	0.09%
	第二次	43.11%	48.53%	5.51%	2.67%	0.18%

续 表

题 目	次 数	选项A	选项B	选项C	选项D	选项E
您认为农业发展前景： A. 好　B. 一般 C. 不确定 D. 不好　E. 非常不好	第一次	73.75%	19.71%	4.76%	1.70%	0.09%
	第二次	60.75%	30.55%	7.19%	1.42%	0.09%
总体来说，您认为农业相关工作收入： A. 高　B. 一般 C. 不确定 D. 低　E. 非常低	第一次	5.56%	52.87%	22.50%	17.88%	1.20%
	第二次	7.31%	50.93%	25.73%	14.71%	1.32%
您认为农业相关工作除收入以外其他各方面条件总体上： A. 好　B. 一般 C. 不确定 D. 不好　E. 非常不好	第一次	12.78%	53.60%	20.24%	13.04%	0.34%
	第二次	13.74%	52.66%	20.12%	13.12%	0.35%
您希望未来在农业相关领域就业吗？ A. 希望 B. 有一点希望 C. 不确定 D. 不希望 E. 完全不希望	第一次	19.28%	32.10%	37.18%	10.24%	1.20%
	第二次	18.30%	36.07%	36.60%	7.69%	1.33%

续 表

题 目	次 数	选项A	选项B	选项C	选项D	选项E
您希望未来在农业相关领域创业吗？ A. 希望 B. 有一点希望 C. 不确定 D. 不希望 E. 完全不希望	第一次	16.62%	27.13%	40.48%	14.30%	1.46%
	第二次	16.93%	29.10%	40.83%	11.29%	1.85%
您希望未来在外贸农业相关领域（农业相关产品等出口）创业吗？ A. 希望 B. 有一点希望 C. 不确定 D. 不希望 E. 完全不希望	第一次	22.02%	31.71%	36.33%	8.74%	1.20%
	第二次	19.66%	37.04%	34.22%	8.38%	0.71%

表2-4 两次问卷出现积极方面变化（量表正向选择上）结果对比

题 目	选 项	第一次	第二次
总体来说，您认为农业相关工作收入：	"高"	5.56%	7.31%
您认为农业相关工作除收入以外其他各方面条件总体上：	"好"	12.78%	13.74%
您希望未来在农业相关领域就业吗？	"希望"和"有一点希望"	51.38%	54.37%
您希望未来在农业相关领域创业吗？	"希望"和"有一点希望"	43.75%	46.03%
您希望未来在外贸农业相关领域（农业相关产品等出口）创业吗？	"希望"和"有一点希望"	53.73%	56.70%

表2-5 两次问卷出现积极方面变化（量表负向选择上）结果对比

题 目	选 项	第一次	第二次
您认为目前农业发展：	"落后"和"非常落后"	3.08%	2.85%
您认为农业发展前景：	"不好"以及"非常不好"	1.79%	1.51%
总体来说，您认为农业相关工作收入：	"低"和"非常低"	19.08%	16.03%
您希望未来在农业相关领域就业吗？	"不希望"和"完全不希望"	11.44%	9.02%
您希望未来在农业相关领域创业吗？	"不希望"和"完全不希望"	15.76%	13.14%
您希望未来在外贸农业相关领域创业（农业相关产品等出口）吗？	"不希望"和"完全不希望"	9.94%	9.09%

比较两次问卷结果：

对于专业相关性，大约83.01%的同学选择自己的专业和农业有一定的相关性（"相关"和"有一点相关"），与第一次问卷的约76.54%相比有所提高，可能是有一些同学在第一次问卷后对自己的专业进行了更深入的了解或者对案例的阅读使他们对自己的专业有了新的认知。

对于"目前农业发展"的看法，大约2.85%的同学认为农业发展不太好（"落后"以及"非常落后"），与第一次的约3.08%相比稍有下降。同样说明了年轻一代对于农业发展的肯定。

对于"农业发展前景"的看法，仅有大约1.51%的同学认为"农业发展前景"较差（"不好"以及"非常不好"），与第一次数据的约1.79%相比较有所下降，同样说明了年轻一代对于农业发展的信心。

对于"农业相关工作收入"的看法，选择为"高"的比例约为7.31%，比第一次的约5.56%有所上升；选择为"低"和"非常低"的比例之和约为16.03%，与第一次答案的约19.08%相比有所下降。

对于"农业相关工作除收入以外其他各方面条件总体上"的看法，选择为"好"的约为13.74%，与第一次答案的约12.78%相比有些许提高，体现了很多同学对其他条件的高满意度。

对于"在农业相关领域就业",大约54.37%的同学有一定的希望("希望"和"有一点希望"),与第一次结果约51.38%相比提高了约2.99%;而"不希望"和"完全不希望"的比例之和从第一次的约11.44%降到了约9.02%,说明案例对认知有一定的影响。

关于"未来在农业相关领域创业",约46.03%的同学表达了一定的愿望("希望"和"有一点希望"),其中约16.93%的同学明确表示了相关愿望;与第一次相应结果的约43.75%和约16.62%分别提高了约2.28%和约0.31%;同时"不希望"和"完全不希望"的比例从第一次的约15.76%降到了约13.14%,也显示出了相关案例的一定影响。

关于"未来在外贸农业相关领域创业",高达约56.70%的同学表达了一定的愿望("希望"和"有一点希望"),与第一次问卷结果的约53.73%提高了约2.97%。

据上可以看出,阅读案例对于认知有一定的影响。

从对于"关于您的上述第五个问题(您认为农业相关工作除收入以外其他各方面条件总体上 A. 好 B. 一般 C. 不确定 D. 不好 E. 非常不好)回答,您可以具体说一下其他各方面条件主要指的哪些方面条件吗?"的回答可以看到,两次问卷中提到的因素相差不大。

同时,对比两次调查数据,可以看出,无论是第一次问卷结果还是第二次问卷结果,大部分同学都认为自己的专业与农业有一定相关(第一次约为76.54%,第二次约为83.01%),因此这两次问卷结果很大程度上反映了涉农类专业同学的认知情况;并且此道题也可以看作是与对农业的认知有关的,对农业的积极认知越高,越趋向于与农业一体化,相反,对农业积极认知越低,越想远离农业。另外,所有的答案中对于"E"选项的选择除了第一道题(第一次约为5.74%,第二次约为2.74%)外,其余答案均在2%以下,说明被调查者对于农业方面的认知并没有达到负面的最大值。

将以上相关数据输入 SPSS[①] 进行配对样本 t 检验:农业认知总负向比较(表2-3中第一次问卷结果1~8题中D和E选项比例之和与第二次问卷结果1~8题中D和E选项比例之和比较)。结果如表2-6至表2-8所示。

[①] SPSS:Statistical Product Service Solutions,统计分析软件,中文名为"统计产品与服务解决方案"。

表2-6 成对样本统计量（第一次与第二次问卷结果中D、E选项相比）

样本		均值	N	标准差	均值的标准误
对1	问卷1	.057194	16	.0595059	.0148765
	问卷2	.048437	16	.0508153	.0127038

表2-7 成对样本相关系数（第一次与第二次问卷结果中D、E选项相比）

样本		N	相关系数	Sig.
对1	问卷1和问卷2	16	.984	.000

表2-8 成对样本检验（第一次与第二次问卷结果中D、E选项相比）

样本	成对差分					t	df	Sig.（双侧）
	均值	标准差	均值的标准误	差分的95%置信区间				
				下限	上限			
对1 问卷1-问卷2	.0087563	.0131187	.0032797	.0017658	.0157467	2.670	15	.017

结果显示，配对样本T检验中 $p = 0.017<0.05$，显示出了两组数据的显著差异，说明了阅读案例的显著影响。虽然表2-4也显示出了一些积极性变化，但是农业认知总正向比较（表2-3中第一次问卷结果第8题中A和B选项比例之和与第二次问卷结果第8题中A和B选项和比较）并没有显示出显著性差异。

原因可能是很多同学在回答问卷前并没有阅读案例，所以对案例的介绍还是要潜移默化地进行，而不是进行"硬性"介绍。

基于以上调查，我们可以看出被调查者对于农业的积极认知以及涉农创业意愿尚有很大提高空间；而且对于以后的农业就业倾向，很多同学的答案都是不确定或者否定。因此，探究是否可以通过相关新闻、案例的普及以及外贸跨境电商英语等相关技能的提升使这部分同学的认知有一定改变，提升他们对农业的信心，提升他们对外贸农业创业的意愿与信心，帮助他们拓展创业的领域与更多可能性是本研究的研究目的。

第二节　行动方案总体设计

一、研究假设

包含外贸农业创业的农业创业成功案例等的解析及跨境电商为主等外贸专业技能的培养能够对农业高校大学生对农业的认知产生一定影响，增强其进行涉农外贸创业的信心。

二、行动内容

约 50 学时的教学中，大约 50 名学生基于跨境电商交易如商品展示、进行咨询处理等的不同任务，系统学习英语跨境电商为主的外贸交易及对包含外贸农业的农业创业成功案例等进行解析。

三、数据收集方式

被调查学生在教学实验前完成第一份问卷，几天后完成第二份问卷，比较两份问卷结果。在教学实验结束后，学生再次完成第一份问卷，对比实验前与实验后结果，分析实验干预过程中实验变量（创业案例等解析及外贸跨境电商为主等外贸专业技能培养）是否会对于相同实验对象造成认知的显著性差异。

第三章 基于行动方案效果评价的前期调查研究

一、研究对象

某农业高校 52 名学生。

二、研究假设

农业（尤其是外贸农业）创业成功案例等的解析及跨境电商为主等外贸专业技能的培养能够对农业高校大学生对农业的认知产生一定影响，增强其进行涉农外贸创业的信心。

三、研究方法

研究方法为问卷调查。主要包含两份自编问卷。

第一份问卷[①]主要包含9个问题。涉及专业与农业相关性、对农业现状及发展前景认知、对农业相关工作收入及其他各方面条件认知、在农业领域进行就业及创业意愿。问题形式主要分为选择性问题（8个）及开放性问题（1个）。其中选择性问题主要参考利克特量表制作。

---

① 见附录1

第二份问卷[①]要求参加者在回答问题前先阅读三段关于农业创业尤其是外贸农业创业的新闻，然后再回答问题，问题与第一份问卷基本一致。

第三份问卷与第一份问卷相同。

四、研究过程

首先，52名学生完成第一份问卷，隔几天后，同样的学生完成第二份问卷。

其次，进行实验课程。约50学时的学习中，学生基于跨境电商交易如商品展示、业务处理等的不同任务，系统学习英语跨境电商为主的外贸交易及对农业（尤其是外贸农业）创业成功案例等进行解析。

实验课程结束后，同样的学生再次完成第一份问卷，评估同样的参与对象对于农业及涉农（尤其是外贸农业）创业的认知。

最后，对比实验前与实验后结果，分析实验干预过程中实验变量（创业案例等解析及外贸跨境电商为主等外贸专业技能培养）是否会对于相同实验对象造成认知的变化。

五、研究结果

（一）第一次问卷结果

学生匿名回答第一次问卷（第一份问卷，且与前面大样本调查中的第一次问卷相同），实际回收有效问卷52份，问卷结果如表3-1所示。

表3-1　实验前第一次问卷结果

题　目	选项A	选项B	选项C	选项D	选项E
您的专业和农业相关吗？ A. 相关　B. 有一点相关 C. 不确定 D. 不相关　E. 完全不相关	19.61%	23.53%	9.80%	37.25%	9.80%

---

① 见附录2

续 表

题 目	选项A	选项B	选项C	选项D	选项E
您认为目前农业发展： A. 好　B. 一般　C. 不确定 D. 落后　　E. 非常落后	34.62%	57.69%	1.92%	5.77%	0%
您认为农业发展前景： A. 好　B. 一般　C. 不确定 D. 不好　　E. 非常不好	69.23%	25.00%	3.85%	1.92%	0%
总体来说，您认为农业相关工作收入： A. 高　B. 一般　C. 不确定 D. 低　　E. 非常低	9.62%	50.00%	15.38%	25.00%	0%
您认为农业相关工作除收入以外其他各方面条件总体上： A. 好　B. 一般　C. 不确定 D. 不好　　E. 非常不好	21.15%	38.46%	19.23%	21.15%	0%
您希望未来在农业相关领域就业吗？ 　A. 希望　B. 有一点希望 　C. 不确定 D. 不希望　E. 完全不希望	21.15%	23.08%	32.69%	21.15%	1.92%
您希望未来在农业相关领域创业吗？ 　A. 希望　B. 有一点希望 　C. 不确定 D. 不希望　E. 完全不希望	15.38%	19.23%	40.38%	21.15%	3.85%
您希望未来在外贸农业相关领域（农业相关产品等出口）创业吗？ 　A. 希望　B. 有一点希望 　C. 不确定 D. 不希望　E. 完全不希望	17.31%	25.00%	44.23%	13.46%	0%

从"您的专业和农业相关吗？"可以看出，约43.14%的同学的专业和农业有一定的相关性（"相关"以及"有一点相关"）。

对于"目前农业发展"的看法，约5.77%的同学认为农业发展不太好（"落后"以及"非常落后"），说明大部分同学对于农业发展现状有信心。

对于"农业发展前景"的看法，仅有约1.92%的同学认为"农业发展前景"为"不好"以及"非常不好"，说明大部分同学对于未来农业发展有信心。

对于"农业相关工作收入"的看法，选择为"低"和"非常低"的比例之和约为25%，这说明一部分同学对农业工作收入的认可度不高；只有约9.62%的同学选择"高"。

对于"农业相关工作除收入以外其他各方面条件总体上"的看法，认为"好"的同学约为21.15%，显然高于第四题中"好"的选项的比例，说明很多同学对其他条件的满意率高一些。

对于"未来在农业相关领域就业"，约44.23%的同学对于"在农业相关领域就业"有一定的希望（"希望"和"有一点希望"），约32.69%的同学表示不确定，说明有很多同学的想法还是可以改变的，体现了开设相关课程的必要性。

对于"未来在农业相关领域创业"，约34.61%的同学表达了一定的愿望（"希望"和"有一点希望"），约15.38%的同学明确表示了相关愿望；约40.38%的同学表示"不确定"，同样体现了开设课程的必要性。

关于"未来在外贸农业相关领域创业"，约42.31%的同学表达了一定的愿望（"希望"和"有一点希望"），约17.31%的同学明确表示了相关愿望。相比较第七题中约34.61%的同学表达了一定的愿望（"希望"和"有一点希望"），约15.38%的同学明确表示了相关愿望，同样应该是部分同学想尝试一下国际业务领域；同时约44.23%的同学表示"不确定"，同样说明了开设相关课程的必要性。

对于"关于您的上述第五个问题（您认为农业相关工作除收入以外其他各方面条件总体上 A.好 B.一般 C.不确定 D.不好 E.非常不好）回答，您可以具体说一下其他各方面条件主要指的哪些方面条件吗？"答案主要集中在以下几个方面："工作条件""工作环境""技术方面""工作前景""工作时间""工作强度""工作待遇""周围人对农业工作的看法""人员素质""科研技术设施""政策""精神追求""社会保障""生活环境""教育文化环境"。

（二）第二次问卷结果

第二次问卷（第二份问卷）同样要求参加者在回答问题前先阅读三段关于农业创业尤其是外贸农业创业的新闻，然后再回答问题，问题与第一份问卷基本一致。

第二次调查共回收有效问卷 52 份，结果如表 3-2 所示。

表3-2 实验前第二次问卷结果

题目	选项 A	选项 B	选项 C	选项 D	选项 E
您的专业和农业相关吗？ A. 相关 B. 有一点相关 C. 不确定 D. 不相关 E. 完全不相关	15.38%	36.54%	15.38%	25.00%	7.69%
您认为目前农业发展： A. 好 B. 一般 C. 不确定 D. 落后 E. 非常落后	32.69%	48.08%	11.54%	7.69%	0%
您认为农业发展前景： A. 好 B. 一般 C. 不确定 D. 不好 E. 非常不好	67.31%	23.08%	5.77%	3.85%	0%
总体来说，您认为农业相关工作收入： A. 高 B. 一般 C. 不确定 D. 低 E. 非常低	9.62%	44.23%	23.08%	23.08%	0%
您认为农业相关工作除收入以外其他各方面条件总体上： A. 好 B. 一般 C. 不确定 D. 不好 E. 非常不好	21.15%	36.54%	13.46%	28.85%	0%
您希望未来在农业相关领域就业吗？ A. 希望 B. 有一点希望 C. 不确定 D. 不希望 E. 完全不希望	21.15%	15.38%	40.38%	23.08%	0%
您希望未来在农业相关领域创业吗？ A. 希望 B. 有一点希望 C. 不确定 D. 不希望 E. 完全不希望	17.31%	15.38%	44.23%	21.15%	1.92%

续表

题 目	选项A	选项B	选项C	选项D	选项E
您希望未来在外贸农业相关领域（农业相关产品等出口）创业吗？ A.希望　B.有一点希望 C.不确定 D.不希望　E.完全不希望	9.62%	32.69%	48.08%	9.62%	0%

对于专业相关性，大约51.92%的同学选择自己的专业和农业有一定的相关性（"相关"和"有一点相关"）；这与第一次问卷的约43.14%相比有所提高，同样可能是有一些同学在第一次问卷后对自己的专业进行了更深入的了解。

对于"目前农业发展"的看法，大约32.69%的同学认为农业发展"好"，与第一次的约34.62%差异不大。说明阅读新闻对于学生对此题的看法并没有产生影响。

对于"农业发展前景"的看法，大约67.31%的同学选择"好"，与第一次的约69.23%差异不大。说明阅读新闻对于学生对此题的看法并没有产生影响。

对于"农业相关工作收入"的看法，选择为"低"和"非常低"的比例和为约23.08%，与第一次答案的约25.00%有所下降。说明案例对学生的认知有一定影响。

对于"农业相关工作除收入以外其他各方面条件总体上"的看法，选择为"好"的同学约为21.15%，与第一次答案的约21.15%相同。说明案例对学生的认知没有产生影响。

对于"在农业相关领域就业"，大约21.15%的同学表示了"希望"，与第一次结果的约21.15%相同；说明案例对学生的认知没有产生影响。

对于"未来在农业相关领域创业"，约23.07%的同学表达了明确否定（"不希望"和"完全不希望"）；与第一次相应结果的约25.00%相比有所下降，显示出了相关案例的一定影响。

对于"未来在外贸农业相关领域创业"，约9.62%的同学表达了明确否定（"不希望"和"完全不希望"）；与第一次相应结果的约13.46%相比有所下降，也显示出了相关案例的一定影响。

对于"关于您的上述第五个问题（您认为农业相关工作除收入以外其他各方面条件总体上 A. 好 B. 一般 C. 不确定 D. 不好 E. 非常不好）回答，您可以具体说一下其他各方面条件主要指的哪些方面条件吗？"答案主要集中在以下几个方面："工作环境""工作地点""工作时间""发展前景""工资待遇""政策福利""偏见""工作热情"。因此，要提高青年学生对农业的认知度，就要注意以上因素的影响。

（三）两次问卷结果对比

两次问卷结果对比如表 3-3 至表 3-5 所示。

表3-3 实验前第一次问卷结果与第二次问卷结果对比

题 目	次 数	选项 A	选项 B	选项 C	选项 D	选项 E
您的专业和农业相关吗？ A. 相关 B. 有一点相关 C. 不确定 D. 不相关 E. 完全不相关	第一次	19.61%	23.53%	9.80%	37.25%	9.80%
	第二次	15.38%	36.54%	15.38%	25.00%	7.69%
您认为目前农业发展： A. 好 B. 一般 C. 不确定 D. 落后 E. 非常落后	第一次	34.62%	57.69%	1.92%	5.77%	0%
	第二次	32.69%	48.08%	11.54%	7.69%	0%
您认为农业发展前景： A. 好 B. 一般 C. 不确定 D. 不好 E. 非常不好	第一次	69.23%	25.00%	3.85%	1.92%	0%
	第二次	67.31%	23.08%	5.77%	3.85%	0%

续 表

题 目	次 数	选项A	选项B	选项C	选项D	选项E
总体来说，您认为农业相关工作收入： A.高　B.一般 C.不确定 D.低　E.非常低	第一次	9.62%	50.00%	15.38%	25.00%	0%
	第二次	9.62%	44.23%	23.08%	23.08%	0%
您认为农业相关工作除收入以外其他各方面条件总体上： A.好　B.一般 C.不确定 D.不好　E.非常不好	第一次	21.15%	38.46%	19.23%	21.15%	0%
	第二次	21.15%	36.54%	13.46%	28.85%	0%
您希望未来在农业相关领域就业吗？ A.希望　B.有一点希望 C.不确定 D.不希望　E.完全不希望	第一次	21.15%	23.08%	32.69%	21.15%	1.92%
	第二次	21.15%	15.38%	40.38%	23.08%	0%
您希望未来在农业相关领域创业吗？ A.希望　B.有一点希望 C.不确定 D.不希望　E.完全不希望	第一次	15.38%	19.23%	40.38%	21.15%	3.85%
	第二次	17.31%	15.38%	44.23%	21.15%	1.92%
您希望未来在外贸农业相关领域（农业相关产品等出口）创业吗？ A.希望　B.有一点希望 C.不确定 D.不希望　E.完全不希望	第一次	17.31%	25.00%	44.23%	13.46%	0%
	第二次	9.62%	32.69%	48.08%	9.62%	0%

表3-4 实验前第一次问卷结果与第二次问卷正向结果对比

题目内容总结	第一次	第二次
"目前农业发展"为"好"	34.62%	32.69%
"农业发展前景"为"好"	69.23%	67.31%
"农业相关工作除收入以外其他各方面条件总体上"为"好"	21.15%	21.15%
"未来在农业相关领域就业"为"希望"	21.15%	21.15%

表3-5 实验前第一次问卷结果与第二次问卷负向结果对比

题目内容总结	第一次	第二次
"农业相关工作收入"为"低"和"非常低"	25.00%	23.08%
"未来在农业相关领域创业"为"不希望"和"完全不希望"	25.00%	23.07%
"未来在外贸农业相关领域创业"为"不希望"和"完全不希望"	13.46%	9.62%

总体上看，只有在三个问题上案例显示了较为明显的积极影响（对于"农业相关工作收入"的看法，选择为"低"和"非常低"的比例之和约为23.08%，与第一次答案的约25.00%相比有所下降。对于"未来在农业相关领域创业"，约23.07%的同学表达了明确否定（"不希望"和"完全不希望"），与第一次相应结果的约25.00%相比有所下降。对于"未来在外贸农业相关领域创业"，约9.62%的同学选择了"不希望"和"完全不希望"；与第一次相应结果的约13.46%相比有所下降，对于开放性问题，学生第一次回答得更为全面一些，原因有可能是部分学生第二次回答时产生了一定程度的倦怠。

对于其他问题上，案例未显示出对认知的影响，原因可能是很多同学在回答问卷前并没有阅读案例，而且在第二次回答时产生了一定程度的倦怠。因此，案例最好是以新闻等形式出现在学生的生活中，而不是目的明确地要求学生阅读。

六、行动方案重点

行动方案着重于以下三点：

第一，在课程中加入农业相关新闻以及农业相关领域人才创业的实际案例。在实际介绍新闻及相关案例的过程中，切忌为了引入而引入，使介绍变成"硬性"介绍，这样可能会导致学生毫无反应。一定要将新闻及相关案例自然融入各种课程相关活动中，在课程中使学生对农业现状、农业发展前景、农业相关工作等的认知和在农业相关领域就业及创业的意愿等发生积极的变化。课程相关活动可以是翻译活动和基于翻译活动的词汇扩展、语法介绍，也可以是根据新闻或者案例进行相关讨论以及思辨写作等。

第二，基于各项实际任务推进外贸电商英语的教学，包含对与外贸相关的流程活动、专业词汇及句式表达、对话及书信交流等的掌握。课堂中教师应引导学生围绕各项任务完成相关课堂目标。

第三，对学生的任务完成情况进行点评。学生围绕相关学习目标完成翻译、对话、书信写作等必要的任务，教师对有代表性的任务的完成情况进行点评，包括范例点评以及进行典型错误点评。教师对典型范例的点评可以极大鼓舞相关学生，并且能够发挥榜样作用，激励学生树立自信心与积极努力的心态；对典型错误的点评可以高效率地帮助相关学生，使其他学生对此类错误进行反思，错误所涉及的知识点也能够得到巩固。

第四章　创业导向下培养外贸跨境电商农业人才行动方案实施及监控

在课堂中，教师起着重要的引导作用，很多学生往往因喜欢一位老师的风格而喜欢一门课，也有很多学生因不喜欢一位老师的风格而讨厌一门课，因此教师对学生课程学习的影响是很大的。而作为教师，要使自己对学生的影响为正面影响。学生对教师的印象可能主要来自以下几个方面：

第一是教师的亲和度，教师对学生亲切的态度和无微不至的关心能够打动很多学生。第二是教师对课程的讲授，教师要通过充分的课前准备以及丰富的专业知识储备获得学生的喜爱。第三是教师对课堂的整体设计，成功的课堂一定是能抓住学生注意力的课堂，教师要通过与学生的互动和讨论，以学生为中心引导学生成功掌握知识。第四，教师对课堂的管理也是非常重要的，如实时检测学生所学，并及时发现学生的问题，帮助其解决问题、巩固知识。笔者求学期间曾有这样的经历：一位教师常常在课堂上微笑，给笔者留下了深刻印象让笔者深受触动。可见，微笑的力量是巨大的。因此，教师走上课堂的第一步便是亲和真诚地与同学们交流并且富有热情地投入教学。

选用教材：本课程所有单词及短语类表达、句子、对话、信件、写作等均选自于下面两本教材：由马俊、郑汉金主编，清华大学出版社2015年9月出版的《实用外贸英语》；由盛湘君主编，外语教学与研究出版社2016年8月出版的《跨境电商交际英语》。

说明：为了进行强调，笔者对所选句子、对话或段落及文章中的部分内容进行了画线；为了便于教学，一部分句子的汉语表述置于了相应英语前面。

第一节　培养业务启动精神及能力行动实施及监控

行动目标：
- 了解如何寻找海外客户并且与客户建立关系。
- 掌握相关表达。
- 进行相关对话及相关写作。

行动实施：
- 事例介绍。
- 寻找客户渠道。
- 相关表达。
- 对话范例。
- 写作范例。

行动监控：
- 任务完成。
- 自我效能评估。

教学学时：2 学时。

一、行动实施

（一）事例介绍

在教学中，激发学生的兴趣，使学生产生学习的内在动力是非常重要的，只有点燃了兴趣的火种，强大的内在动力才能迸发，学习效果才能显著。

引入课堂的事例是最能打动学生的，因此教师应收集相关事例，在课堂上以适当的方式呈现出来。在本次行动研究中，教师主要呈现以下两个事例。

第一个事例是某村种植苹果的事例。该村在村支书的带领下实现了苹果的规模化种植，所生产的苹果通过外贸公司大量销往东南亚国家。贸易过程中，一般是外贸公司向该村传达客户需求，该村农户按照外贸公司和客户的要求进行种植。虽然该村与周围村落相比较为富裕，但可以引导学生思考，如果该村拥有掌握外贸英语的复合型人才，可否自主通过跨境电商进行出口从而获得更多的收益。

第二个事例的主角是某市一家公司，该公司专营自行车外贸出口，所出口的自行车为该公司自己的工厂所生产，出口地区主要为欧洲，该公司获得新客户的方式主要为参加国际展览及做跨境电商等。教师要引导学生思考该公司经营的优势。从该公司的运营模式可以看出，该公司可以说是一家复合型公司，公司自己生产，自己负责出口销售，与第一个事例提到的苹果销售相比省去了外贸公司的中间环节，从而降低了成本。

在教学中，教师还应激发学生的创业热情，鼓励有这方面热情的学生在合适的时机进行理性创业。无论学生未来会不会创业、何时创业，都要在学生心中埋下一颗创业的种子，这样未来合适的时机出现后，必然会有一些学生进行创业并且所创企业可以成功。

同时教师应引导学生思考所学的专业与农业的相关性程度，思考自己是否也可以如事例一样在涉农工作领域有所成就甚至做得更好。

笔者所在高校除了各门专业课程之外，还开设了创业类指导课程，如果这些创业动力很强的同学不但精通专业知识，而且获得了丰富的创业的相关知识，还能够通过本培养行动获得外贸英语的相关技能，那么他们之中未来选择创业的人将会更多，所创立的企业无论在时间上还是在空间上都将会走得更长更远。

（二）寻找客户渠道

教师引导学生思考："对于一个企业来说，相关产品制造完成后，最重要的是什么？"提问几个同学后可以引出答案：寻找客户。只有相关客户认可了公司的产品，公司才能获得成功。因此，教师可以引导学生思考获得外贸客户的渠道。最后，教师进行总结，并对这些渠道进行简要分析。

根据我们选用的教材《实用外贸英语》(p.3)，和外国客户建立联系主要有以下几种方式：

The exhibitions and trade fairs, Banks, Chambers of commerce both at home and abroad, Commercial counselor's office subordinate to the Embassy of a certain country, The media of the newspapers, magazines and television, Introduction by friends in business circles, A branch office or representative abroad, The internet, Trade dictionary, Market research.

（三）相关表达

下面一些表达同样选自《实用外贸英语》。

短语类（pp.5-11）如下所示。

charter flights, quotation, quotation table (list), exchange rate quotation, discount quotation, market quotation, quote, sample fair, sample order, sample shipment。

line:one's trade of occupation, or the things he deals in.

Having had your name and address from

Through the recommendation of

business extension, after-sales service, export turnover, distributors。

句子类（pp.8,10）如下所示，横线为笔者画出，划横线的部分为需重点注意的表达。

我们愿在平等互利、互通有无的基础上与你公司建立业务关系。

We are willing to enter into business relations with your firm on the basis of equality, mutual benefit and exchanging what one has for what one needs.

从随附的目录和价目表可以看出，我方总以货真价实来维护买家的利益。

From the brochure and price-list enclosed, you will find we always try our best to protect buyer's interest by offering value-for-money prices.

教师主要强调画线部分表达，还要关注句式的结构翻译，但关注点应主要放在相关表达的掌握上。

（四）对话范例

下面对话来自《实用外贸英语》(pp.13-14)，横线为笔者标出。

We'll be glad to show you what's available.

Xu and Brown are at the fair.

Brown: Excuse me, could you tell me where I could see some electrical appliances?

Xu: This area. We'll be glad to show you what's available. Here's my card.

Brown: Thanks. Mr. Excu …

Xu: Xu is my last name.

Brown: Sorry, I'm not good at Pinyin. Here's my card. I'm Amy Brown from ABC Trading Co. Ltd. We import electronics and transistors.

Xu: Please have a look at our samples.

Brown: Your development of electronic products has been remarkable.

Xu: Yes, our research has had good results.

Brown: Do you produce video tape recorders?

Xu: Yes.

Brown: What's that? Is it a television set?

Xu: No, that's a television phone. It's still experimental.

Brown: What's the problem?

Xu: We have to solve the problem of using ultrahigh frequency waves at around one thousand hertz.

Brown: I see.

Xu: I've forgotten to ask you that what products you're interested in.

Brown: I think I've already seen some items we might like to order, although I'd still like to study them a bit further.

Xu: OK, go ahead.

Brown:I'll probably be able to let you know tomorrow.
Xu:I'll be expecting you tomorrow morning, say, at nine.
Brown:Tomorrow at nine. Good. I'll see you then.

  本对话是展会上经常会发生的对话之一。要注意对话的完整性，如开头的"Excuse me"，以及结尾的"I'll be expecting you tomorrow morning, say, at nine.""Tomorrow at nine. Good. I'll see you then."。谈话时可以将对方注意力集中到样品上并尽力达成进一步的商业合作，如"Please have a look at our samples."，可以适时介绍产品的最新研发及发展。作为买方，要学会给自己留有余地的表达，如"I'll probably be able to let you know tomorrow."。

  教师要注意"what's available"中 what 引导的宾语从句，强调在正式信件中，what 作为不定代词经常用来引导宾语从句，如对话结尾处的"what products you're interested in"；注意 appliances 所体现的"apply+ance"的构词法以及 remarkable 所体现的"remark+able"的构词法；注意 items 的常用表达以及 a bit further 在对话中用于强调的表达。

  可以看出本对话礼貌、简洁，并竭力促成进一步的商业合作。

（五）写作范例

  教师展示给学生一段短文，并要求学生仔细阅读短文，从短文中学习如果得到了潜在客户的相关联系信息，如何写一封邮件与其建立商业关系。本段写作短文同样选自《实用外贸英语》（pp.4-5），横线为笔者所画。

Dear Sirs,
  Learning from the Commercial Counselor's Office of our <u>Embassy</u> in your country that you are one of the <u>leading importers</u> of canned foodstuff. We have the pleasure of introducing ourselves to you as <u>a state corporation specializing in</u> the export business of canned goods, and express our desire to <u>enter into business relation</u> with you.
  In order to give you a general idea of our canned goods, we are sending you by separate airmail a copy of <u>our latest catalogue</u>. Quotations and samples <u>will be sent</u> to you <u>upon receipt of your specific inquiry</u>.

We are looking forward with interest to hearing from you soon.

Yours faithfully,

…

Zhou Yanming

Manager

Export Department

学生阅读完以上短文后，教师引导学生总结书写建立商业关系的信件的具体步骤。

我们可以看出，在此信件中，为了建立商业关系，第一段要指出从哪里得到信息及对自己的公司进行一个简单的介绍；第二段表示合作的意愿以及具体的行动方案；最后一段是写作常用的客套语。学生通过对短文的探索总结出建立商业关系常用的写信步骤，需要思考如何基于特定场景进行写作。

在学习完如何书写建立商业关系的信件后，可以围绕本篇短文中涉及的相关表达进行学习及复习相关语法。

词汇及短语表达有 leading importers，在强调形容词 leading 的用法；foodstuff 在这应强调 stuff 的用法，stuff 用在复合名词中强调某一类事物；enter into business relation，强调动词短语 enter into 的用法；our latest catalogue，强调其作为惯用语的用法；upon receipt of your specific inquiry，强调"upon+名词"作为外贸惯用语的用法。

语法点有"a state corporation specializing in…"，这句话的重点为现在分词 specializing in 作为后置定语的用法；"Quotations and samples will be sent to you…"，此句的重点为被动用法，因为此句真正的主语是 I 或 we，并不是很重要，而 quotations and samples 是真正要强调的，所以在正式文体中，被动语态是经常会用到的。

二、行动监控

（一）任务完成

任务 1：设想你是一家创业公司的创始人，要写信给公司的潜在客户，简要介绍你的公司以及主打产品并希望与对方建立长期合作关系。（在写之前，请先站在潜在客户的角度想一想你期待看到什么样的商务合作首次联系

邮件，什么会给你留下深刻的第一印象）

第一，在写作前，教师可指导学生先设想两家相关的具体公司（一家为己方公司，另一家为对方公司），并可通过网络查阅相关资料，基于资料，在了解对方公司的基础上，介绍己方公司的相关情况。教师应强调无论作何种介绍，都要先了解对方公司的基本情况以及尽可能对对方的喜好进行预测，尽可能地站在对方的角度进行思考，尽可能多地提供对方感兴趣的信息。

第二，在写作时，教师要强调写作要言简意赅、详略得当。另外，教师要强调语法与拼写的正确性。严谨的公司风格应该体现在每一个方面。

反馈注意点：大部分学生已经具备写邮件建立业务关系的能力。但教师应引导学生注意下面几点。

第一，注意口语表达与书面语的区别，尤其是在具体的表达方面。

第二，产品介绍一定要突出具体点以及独特性，可以集中于产品的材质、具体功能以及独特优势等进行说明而不是泛泛而谈。例如，有同学着重强调了自己公司对研发的投入，突出公司的长远战略和发展的长期性目标；有同学强调了公司策略的灵活性。

第三，注意句子结构的完整性，由于英汉语的句法结构不同，汉语在某些情况下会省略主语，但英语一般情况下不会省略。

第四，注意分词的正确使用。

第五，注意用词的贴切性，如强调产品对于人们生活的帮助时，可以把 make 换为 help。

第六，在格式方面，有同学不注意分段，不分段的结果就是写作内容对于读者非常不友好。作为寻求客户的信件，最重要的是便于阅读，如果违背这一规则，那么将功亏一篑。

第七，有同学对公司的介绍没有重点且过于简短，对公司的介绍应着重于潜在客户感兴趣的方面，如公司的实力以及业绩等可以让潜在客户建立信任的方面，且应有具体证据作为支持。

任务 2：请视译下面一段话。本段话选自《实用外贸英语》(p.15)。

敬启者：

承蒙中国轻工业品进出口公司告知，我方获知贵公司名称和地址，我们很高兴地获悉贵公司欲购买中国产的自行车。

我公司成立于1990年，现已发展成为中国领先的自行车生产和出口企业，由于我公司的产品质量上乘，价格合理，所以在客户中享有很好的信誉。

我们冒昧地写信给您是想和贵公司建立业务往来，并随信寄送我们的产品图解目录以供参考。如果有你们感兴趣的产品，请告知我们。

期待您早日回复。

……谨上

在本次任务中，同学们应能基本翻译出原文的含义。但也需要注意，除了句式的结构问题外，由于是视译，同学们的发音问题也很关键，对于很多人来说，做到发音地道是比较难的，但是最基本的一点是要做到发音正确，不会影响交流和引起误解，注意元音要发到位，辅音后面不随意加非重读央元音，同时注意意群停顿、重读、连读、弱读以及同化等朗读的一些基本规则。

（二）自我效能评估

学生反思自己是否能礼貌、准确、简洁地与潜在客户通过口头或书信或留言建立起商业关系。

第二节　培养在线商铺运营能力行动实施及监控

行动目标：
- 学习相关表达。
- 学习建立在线商铺。
- 学习在线与客户进行专业的交流。
- 巩固主语从句与宾语从句。

行动实施：
- 在线商铺建立。
- 相关表达。
- 翻译练习。

- 角色扮演。
- 听力策略。
- 对话范例。
- 写作范例。
- 主语从句、宾语从句复习。

行动监控：

- 任务完成。
- 自我效能评估。

教学学时：3学时。

一、行动实施

（一）在线商铺建立

学生主要参考一些热门跨境电商平台设想如何建立自己的店铺。

第一步，学生挑选一家商铺，阅读此商铺的产品介绍并作一个思辨性的评价，即评价优点以及可改善方面。然后，每位同学根据自己的专业设计自己店铺的主打产品并对这个产品进行详细的书面介绍。在试着介绍自己的产品之前，教师引导学生思考介绍的重点应该在哪些方面，应该注意哪些方面的问题。

介绍的重点应该放在顾客可能感兴趣的方面以及本产品的优势。而且对产品的介绍一定要简洁易懂，能突出产品的优点以及使用体验等即可，原因是，潜在客户在选择产品时一定是想要快速抓住产品的特色，将其与自己的需求进行匹配。当然，不仅符合潜在客户的需求，还超出了其预期，能给予其惊喜的产品是最好的。

另外，在介绍产品的过程中，切忌有任何语法、拼写上的错误，一份有错误的介绍隐含的是产品销售者的不用心，从而预示了产品的粗制滥造，会劝退无数的潜在客户。因此，产品介绍在拼写及语法上一定要完美，语义表达上要突出产品特色，风格上要简洁。

而且，一般对于产品的突出优点，还要一条一条地附加图片进行突出展示。要做好这一点，最重要就是研究自己产品的目标客户，调查及深入研究目标客户的需求和心向往之的产品特点以及对不同展示的喜好程度。

第二步，综合设计自己的店铺。在完成对自己的产品的介绍之后，学生浏览跨境电商平台上各方面评分较高的店铺，总结其设计特点，设想如何建立自己的模拟店铺。例如，很多店铺的设计中有一些固定的英文表达规范，学生可以选择自己较喜欢的店铺，圈出自己认为比较重要的一些术语进行学习与借鉴，并可对产品介绍等方面的不规范表达提出自己的意见。完成任务及总结之后，即可得到一份建立商铺常用的表达。

（二）相关表达

教师引导学生关注此部分短语，此部分短语选自教材《跨境电商交际英语》(pp.2, 8, 13, 15, 23）第一单元的部分短语以及其他相关短语。

<u>be online, get offline, get accustomed to, log off the computer, browse around, manage the e-shop, specific requirements, check out, click on the link, long-term cooperation, view the webpage, network shop address, update the items, offline store, upload the pictures, courier service, screenshot, express refusals, account name, item, log in</u>。

（三）翻译练习

以下选自《跨境电商交际英语》第一单元（pp. 11, 18），为了教学方便，汉语放在了英语前面，横线为笔者所画。

• 请慢慢浏览，复制你感兴趣的物品的图片。
<u>Take your time</u> to <u>browse</u> and copy <u>the images of the items</u> you're interested in, please.

• 如果你能给我们一些关于产品的建议，我会非常感谢。
I'd <u>greatly appreciate</u> it if you could give us some advice on the products.

上述句子的翻译相对简单，教师可要求学生对其进行视译，在学生视译的过程中，教师要主要强调相关英语表达。例如，第一句中"慢慢浏览"，很多学生会错误表达为 browse slowly，这里教师要强调翻译的时候一定要先搞清楚汉语的真正意义，这里的"慢慢"不是指"动作慢"，而是主要指"不着

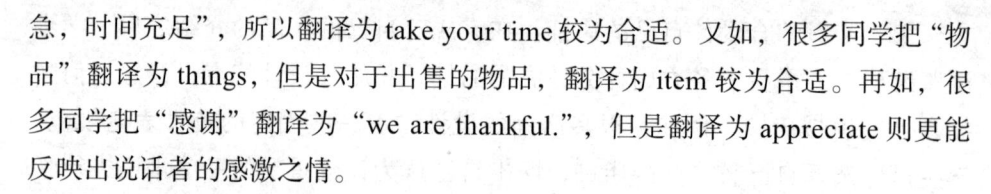

急,时间充足",所以翻译为 take your time 较为合适。又如,很多同学把"物品"翻译为 things,但是对于出售的物品,翻译为 item 较为合适。再如,很多同学把"感谢"翻译为"we are thankful.",但是翻译为 appreciate 则更能反映出说话者的感激之情。

(四)角色扮演

假设你是一家茶商铺的负责人,顾客在线咨询你们公司的概况。

作为商铺负责人,应先对客户的光临表示欢迎,然后礼貌地询问对方想要了解的信息以及想要重点了解的情况。基于客户的情况以及提出的问题,详细列出客户可能感兴趣的事项,如公司的发展历史、公司的性质、公司的经营理念、公司种植基地和储藏库或者相关工厂的介绍、公司海外仓的设置情况以及公司发展较其他公司的优势等。最后再一次表示对客户的欢迎、对建立长久合作关系的希望,并告知会对第一次合作给予优惠。

教师强调在介绍之前礼貌地询问客户公司的简单情况,基于客户的基本情况,突出介绍本公司的闪光点,并且一定要注意所介绍的闪光点应是客户所在意的,从而给客户留下深刻印象,为后续合作增加可能性。

同时,教师根据《跨境电商交际英语》(p.18)强调跨文化交际方面,无论是直接交流还是留言给客户,都要注意对不同国家的客户的称呼方式。

(五)听力策略

听力策略为听出主要信息。教师应引导学生重点关注听力中的主要含义,学生可忽略听力材料中的细节部分以减轻焦虑。教师要告诉学生即使学生听不懂某一关键词,也不必焦虑,因为整段话一般都围绕一个中心含义,所以一个关键词并不影响对整体含义的理解,对大部分句子的大意有所了解即可推断出整段话的主要含义。

(六)对话范例

以下对话选自《跨境电商交际英语》(pp.3-4),横线为笔者所画。

Buyer:Hello, are you online?
Seller:Yes, I'm here to help. What can I do for you?
Buyer:Do you have this overcoat in size 14?
Seller:One moment, please. Yes, it's in stock. Would you like to

place an order now?

Buyer: Great! I'll buy it right away.

Seller: OK. I'll deliver the overcoat as soon as possible. It's stylish and warm. You'll love it.

Buyer: Thank you! By the way, what's the weather like today where you are?

Seller: It's warm here in Guangzhou, but it was a bit cold yesterday. It varies in spring. How's the weather by you?

Buyer: It's not that cold now, though the temperature will dip below zero in a week. I just opened my own e-shop last month because more and more people here are getting accustomed to shopping online. I'm interested in your overcoats. If they sell well, I will order more.

Seller: Thanks. I hope you will keep visiting our shop and browse. We opened the e-shop two years ago when I was a college student. I manage the shop in my spare time, with my classmates, so sometimes I may be offline. Please just contact customer service if you have any questions.

Buyer: No worries. I'll leave a message or an email if you're not available. My son is also at college, working part time as a waiter in a restaurant, so he's quite busy even on weekends.

Seller: So are we. We manage the e-shop and take our required courses as well. I have to log off my computer now, and leave for class. Thanks for your order. Bye.

Buyer: OK. Nice talking with you. Bye.

教师应先引导学生关注整个对话的开头和结尾,注意开头的招呼用语,如 "Hello, are you online?" "What can I do for you" "Thanks for your order."。店家可以适时地宣传自己店铺的服务以及产品卖点,增强客户的信心,如 "I'll deliver the overcoat as soon as possible. It's stylish and warm. You'll love it."。客户为了获得更好服务,可适时表明长期合作意向,如 "If they sell well, I will order more."。店家也可以向客户说明自己的困难之处,以争取客户的同情,如 "We opened the e-shop two years ago when I was a college student. I manage the shop in my spare time, with my classmates, so sometimes I may be offline." 这句话就成功地引起了客户的共鸣："No worries…My son is also at college, working part time as a waiter in a restaurant…"。最后，教师要引导学生注意 varies in spring 和 dip below zero 的表达，getting accustomed to 中介词 to 的表达，keep visiting 为对客户的殷切期望，"you're not available."的表达以及 as well 置于句尾时的常用连贯表达。

（七）写作范例

以下信件选自《跨境电商交际英语》第一单元（pp. 20-21），横线为笔者所画。

Introduction of a Business E-shop
Shaoxing Qingniao Textile Import& Export Co., Ltd.
We <u>warmly welcome</u> you to visit our website.
　Shaoxing Qingniao Textile Import & Export Co., Ltd., <u>founded in 2009</u>, is located in Keqiao, Zhejiang Province China-a city <u>known</u> as the biggest textile <u>distribution center</u> in Asia. Our company specializes in making first-class men's clothing, including men's shirts, suits, sportswear sets, etc.
　Shaoxing Qingniao Textile Import & Export Co., Ltd. is a <u>professional</u> clothing supplier, with the Best Service, Highest Quality, Competitive Pricing, Timely Delivery and Safe Shipping. <u>We are ready to</u> send you <u>the latest products catalog</u> and price list if you are interested in our products.
　Please do not hesitate to contact us. We look forward to <u>establishing</u> a direct business relationship with you!

教师引导学生关注此封信件内容以及各段功能。此信件是一封公司介绍信件。第一段表示欢迎参观公司；第二段是对公司的总体介绍（包括地理位置、产品）；第三段继续介绍公司在服务、产品质量、产品价格、发货等方面的优势，并主动提供产品目录及价格表等；第四段表示对未来合作的期待。因此，一封典型的公司介绍信件主要包含上述信件的几个要素。

表达方面，要注意过去分词作后置定语，如 founded、known；"We are ready to" 表达出作为卖方的主动积极；latest 强调了卖方的真诚；以及其他划线部分表达。

（八）主语从句和宾语从句复习

从以上范例中可知，在外贸交易中，产品介绍、留言以及电子邮件往来等十分重要，而在这些活动中，复杂句和非谓语的使用是必不可少的。针对此情况，基于对学生普遍英语水平的了解，较难的复杂句以及非谓语的巩固是学习的重点。

复杂句主要包含主语从句、宾语从句、表语从句、定语从句、同位语从句、状语从句。学生不但需要理解上述从句，在阅读中遇到上述从句时能快速识别其含义，而且需要能熟练写出各类从句。下面主要介绍主语从句和宾语从句。

1. 主语从句

主语从句可以由各种关系代词引导，如没有特定意义的 that，代表人的 who，代表人物宾格的 whom，代表物主的 whose，代表事物的 what，代表地点的 where，代表时间的 when，代表不定的"which+各种名词"，代表方式的 how，代表原因的 why，代表"多少"等的"how + many 等形容词"。例如：

- That the books will enlighten a lot of children has been known to a large number of parents.

近似意义简单句比较：The books will enlighten a lot of children, and that/it has been known to a large number of parents.

- Who insulted him matters a lot to the teacher.

近似意义简单句比较：Who insulted him? That/it matters a lot to the teacher.

- Whose responsibility he shoulders is concerned with us.

近似意义简单句比较：Whose responsibility does he shoulder? That/it is concerned with us.

- What I intend to do is setting up my own business.

近似意义简单句比较：I intend to set up my own business.

- Where the company is going is critical to the staff.

近似意义简单句比较：Where is the company going? That/it is critical to the staff.

• When we are going for the conference is up to the project schedule.

近似意义简单句比较：When are we going for the conference? That/it is up to the project schedule.

• Which road will be taken by him is unrelated to me.

近似意义简单句比较：Which road will be taken by him? That/it is unrelated to me.

• Why he approves of her proposals is a puzzle.

近似意义简单句比较：Why does he approve of her proposals? That/it is a puzzle.

• How many books will be donated is still unknown.

近似意义简单句比较：How many books will be donated? That/it is still unknown.

以第四个例子也就是 what 引导的主语从句为例，我们可以看到简单句仅仅表达出了"我想要创立自己的公司"；而主语从句不但表达出了"我想要创立自己公司"的含义，而且更加强调 what 和 do，即"什么是我想要做的"，因此使用主语从句可以更加突出我们所要强调的内容。在其他关系词引导的主语从句中，我们也可以看到主语从句所表达的内容被特殊强调，并且与简单句相比较，主语从句更加突出了两个句子的黏合性和连贯性。

此外，形式主语从句在各种语料中的分布也非常广泛。例如：

It is stressed that the quality of the goods must be conforming to the clients' standards.

比较：

That the quality of the goods must be conforming to the clients' standards is stressed.

通过比较上述两句话，我们可以看出形式主语从句与主语从句的区别主要在以下方面：主语从句更加强调所表达的事实，该主语从句主要强调了"货物质量必须符合客户标准"；而相比较，it 做形式主语的主语从句则更加强调动词

stress。因此，两者虽然表达的意义是近似的，但是侧重点却有些许不同。

2. 宾语从句

宾语从句示例如下。

- I reckon that setting up his own business is a brilliant idea.
- I am not sure who will take that blame.
- He was curious about what would be the experiment result.
- The teacher really would like to know where he could find his student.
- I look to get the clue regarding whose goods they are.
- On that night he really had no idea concerning when his parents would give him a call.
- Until today he is still puzzled about which city will be the better working place for him.
- The manager is curious to know why he has resigned.
- The lady intended to note down how many details have been deleted in each demonstration.

宾语从句是从句中最简单的一种从句，在整个复杂句中充当宾语的成分可以由各种关系代词引导，如没有特定意义的 that，代表人的 who，代表人物宾格的 whom，代表物主的 whose，代表事物的 what，代表地点的 where，代表时间的 when，代表不定的 "which+各种名词"，代表方式的 how，代表原因的 why，代表"多少"等的 "how + many 等形容词"。由于宾语从句使用较为简单，大多数学习者对这一从句可以做到快速辨识以及自如使用。

宾语从句更常用于书面语中，而简单句则更常用于口语中。

学生练习编写本学时相关句式，与同伴及教师进行讨论。

二、任务监控

（一）任务完成

假设你是一家网上商铺负责人，潜在客户对于相关问题进行咨询。请编写一个对话（包括打招呼、回答咨询、介绍产品特色、期待进一步合作等）。

经过学习,同学们基本对在线商铺建立有了基本概念,对于商铺的基本运营已经掌握。对于本次任务基本能顺利处理咨询,并适当使用主语从句与宾语从句。但对话中要特别注意语调。很多同学的语调都是降调居多,教师应强调具体语调的正确使用并组织练习。

(二)自我效能评估

最后,教师要求学生进行自我效能评估:在词汇方面,是否可以熟练使用相关词汇;在语法方面,是否能自如地写作主语从句与宾语从句;在听力方面,是否能获取主要信息;在翻译方面,是否能自如转换相关的中英文信息;在角色扮演方面,是否能用口语介绍对方感兴趣的公司相关信息;在写作方面,是否能简洁、准确地介绍所代表公司的相关信息;在查阅资料方面,是否能通过各方面资料获取对方公司对双方合作方面有益的信息。

第三节 培养产品介绍能力行动实施及监控

行动目标:
- 学习产品的相关表达。
- 练习产品相关的角色扮演对话以及书面交流。
- 巩固表语从句与定语从句。

行动实施:
- 相关表达。
- 翻译练习。
- 听力策略。
- 对话范例。
- 写作范例。
- 表语从句与定语从句复习。

行动监控:
- 任务完成。
- 自我效能评估。

第四章　创业导向下培养外贸跨境电商农业人才行动方案实施及监控

教学学时：3 学时。

一、行动实施

（一）相关表达

教师引导学生掌握下列表达，下列表达选自《跨境电商英语》（pp.26, 32, 38, 40, 49）。

> available, out of stock, wine red, latest style, unit conversion, chart, in multicolor, be superior to, top quality, recommend some items, leading, best seller, brandnew, tops, parcel, browse, 5-star rating, reliability, manufacturer, professional, trustworthy, at your service, conclude a deal, potential buyer, product attraction, real/genuine leather, regular customer, specialize in, three-crown seller.

（二）翻译练习

以下翻译练习选自《跨境电商交际英语》第二单元（pp. 35, 43），横线为笔者所画。

> • 和其他厂商生产的相比，我们的产品质量更胜一筹。
> Our goods <u>are superior in quality to</u> those made by other manufacturers.

在此句中，教师引导学生注意 be superior to 的灵活表达，比较"Compared with other manufacturers, our goods are more superior."，很明显，使用 be superior to 更加简洁；词汇方面，注意 manufacturers 的表达。

> • 我们拥有自己的工厂，并雇有100多名员工。
> We run our factory <u>with</u> more than 100 <u>employers</u>.

在此句中，教师引导学生注意 with 的用法，比较"We run our factory where there are more than 100 employers."；显然，使用 with 更加简洁，也更

· 57 ·

加突出了与上半句的黏合性；词汇方面，注意 employers 的表达。

• 我们店的信誉已达到了三钻，这意味着我们已经收到了来自全球两千多名顾客的评价反馈。

Our store has <u>been awarded 3diamnds</u>, <u>which</u> means we have received more than 2000 feedbacks from our customers around the world.

在此句中，教师引导学生注意"信誉"这种在汉语中的名词翻译成英语中动词后的用法。强调在翻译中词性可灵活变换。比较"Our store's reputation has reached 3 diamonds,"，显然，be awarded 更加简洁；which 作为关系词引导非限制性定语从句，在这里，教师可引导学生探索 which 换成其他词如 this 或 it，并进行比较，显然 which 连接的句子与上半句更加紧密。

教师组织本部分练习时应主要引导学生进行视译，锻炼学生看到句子后迅速搭建句子结构的能力。

（三）听力策略

听力策略为获得主要信息。此部分仍然延续上一节的主要策略，巩固学生获得主要信息的能力。获得主要信息的重要途径之一就是听出关键词及相应的同义词或者相近含义的句子。因此，本次听力训练要求学生写出帮助其听出主要意义的关键表达或者相关句子。

（四）对话范例

本对话选自《跨境电商交际英语》（pp.41-42），横线为笔者所画。

(A seller is introducing her products at the AliExpress store to one of her <u>potential buyers</u>, <u>trying</u> to increase the possibility of <u>concluding a transaction</u>.)

Buyer:Hi, Madam, how are you?

Seller:Hi, I'm fine. Glad to meet you. How are you?

Buyer:Not bad, thanks. I'm interested in your flash-drives. Can you ship items to the Maldives?

Seller:Sure, we can. What else can I do for you?

Buyer:Can you send me the links to your newest <u>items</u>?

Seller:Yes, here are the links. We have just uploaded the pictures of our latest designs. We started the shop at AliExpress three years ago, and now we've become a 3-crown seller because our flash-drives are so popular, with more than 100,000 pieces ordered by customers from all over the world.

Buyer: That's great. Will the flash-drives load and store photos?

Seller: Yes, they store all kinds of files including photos, music and any other files stored on your computer hard drive. Just plug the flash-drive into any USB port on your computer directly copy or move the files you want.

Buyer: How good is this flash-drive if I want to store and copy HD videos?

Seller: Well, to be frank, it usually takes a bit more time to transfer video files onto it because of their size. Yet I find it to be fast enough for me. You should be happy with the speed and reliability. I'd recommend it to anyone who needs to carry around a lot of data.

Buyer: Thanks for your detailed information.

Seller: All of the items listed in our store are in stock. We're always at your service.

Buyer: OK, let me have a closer look.

Seller: Take your time. If you have any problems, please contact me. If you follow this link, you'll see the detailed product information.

本对话中，词汇方面，教师引导学生注意导入段中 potential buyer 和 conclude a transaction 的表达；同时注意 trying 作为现在分词表伴随的表达。

对话方面，应注意对话的完整性，如开头的招呼用语 "Hi, Madam, how are you?" "Hi, I'm fine. Glad to meet you. How are you?"，最后的 "Take your time."。注意对自己店铺的适当宣传，并使用足够的证据作为支持，如具体的数字证据："We started the shop at AliExpress three years ago, …we've become a 3-crown seller…with more than 100,000 pieces ordered by customers from all over the world."。因此，对店铺的介绍切忌空洞，而要使用令人信

服的数据以及一些事实等。注意对产品的详细介绍，如本段对话介绍了产品能储存各种文件以及使用方法等；以及合适的表达，如"You should be happy with the speed and reliability."；同时注意尽量客观地介绍产品，如对于 video 的储存，客观地介绍 "It usually takes a bit more time to transfer video files onto it because of their size."。注意建议的表达，如 "I'd recommend it to anyone who needs to carry around a lot of data."。注意随时服务的表达，如 "We're always at your service."。

语言点方面，教师应引导学生注意独立主格结构，如 "… with more than 100,000 pieces ordered by customers from all over the world"；注意过去分词作后置定语，如 any other files stored on your computer hard drive 中的 stored，"All of the items listed in our store are in stock." 中的 listed；注意 items 的表达。

（五）写作范例

教师先给出两段例文，引导学生去探索在介绍产品方面的一般写作方法，例文选自《跨境电商交际英语》第二单元，横线为笔者所标。

信件1选自《跨境电商交际英语》（p.46）。

Dear Sir or Madam,

I'd like to recommend a HOT ITEM to you! A French customer in Paris just placed a big order for boys' watches with our shop and told us they're very popular among youngsters in France. It is made of stainless steel and is waterproof. Maybe it would also become popular in your country. Would you like to try it in your market?

I have attached the product catalog of our new boys' watches for your information.

Best regards,
Mike

教师启发学生总结本段的写法：首先引入别的客户吸引潜在客户，其次介绍本产品的主要特点，最后附上目录。教师还应强调 "Would you like to try it in your market?" 的委婉用法以及最后一句 "I have attached the product catalog of our new boys' watches for your information." 的习惯用法。另外本

第四章 创业导向下培养外贸跨境电商农业人才行动方案实施及监控

例文也可以用作网站平台上对客户的留言。

信件 2 选自《跨境电商交际英语》(p.47)。

  Dear Sir,

  Thanks for your email of November 1st <u>inquiring</u> our products. We are manufacturers of cashmere sweaters <u>that range in size</u> from extra small to <u>extra</u> large. The sizes <u>meet</u> the requirements of people in European countries. Our cashmere sweaters have 12 colors and a number of designs <u>as shown in the attachment</u>.

  We would be pleased to start up a direct business relationship with you. We would appreciate it very much if you would kindly let us know what you would like to order. We are looking forward to your early reply.

  Kind regards,

  Susan

  教师启发学生对本段的写法进行总结：首先对客户的咨询表达感激，其次对产品进行简要介绍并附上相关照片等，最后表达感激和希望合作的意愿。语法方面，教师强调学生注意第一句话中现在分词 inquiring 非谓语作后置定语修饰前面中心词 email of November 1st 的用法；第二句 "that range in size…" 中 that 所引导的定语从句的用法；第一段最后一句 as shown in the attachment 中过去分词 shown 非谓语作后置定语修饰 colors and designs 的用法；连词 as 位于 shown 前面强调与前面中心语的关系为 "正如"；强调 extra 表示修饰的用法；meet the requirements of people 中 meet 为拟人的形象用法。最后一段是一般介绍产品写作的常用表达，教师应要求学生熟悉掌握。

  读完上面两段例文中，教师引导学生总结产品介绍的一般写法：对咨询表达感激—吸引客户注意—基于对客户的了解介绍客户可能感兴趣的产品特点（或者寄上产品价格单和带图片的目录）—表达感谢与商业合作意愿。

（六）表语从句与定语从句复习

1. 表语从句

表语从句示例如下。

• My idea is that setting up my own business is tough but worthy of trying.

• My puzzle is who will come to sign the contract with us.

• My question is with whom he will hold a talk.

• My puzzle is whose entrepreneur is leading the first position based on the college students' evaluation.

• My question is what will be the next schedule.

• My puzzle is where we are going to live.

• My question is when we could get the payment.

• My question is which way we are supposed to take.

• My question is how we could get the containers shipped before the due time.

• My puzzle is why he has taken so many optional courses.

• My question is how many hours we are expected to spend.

表语从句与宾语从句类似，在整个复杂句中充当表语的成分，一般位于系动词（如is、was）、系动词分词形式（been）或者类系动词（如get）等之后，可以由各种关系代词引导，如没有特定意义的that，代表人的who，代表人物宾格的whom，代表物主的whose，代表事物的what，代表地点的where，代表时间的when，代表不定的"which+各种名词"，代表方式的how，代表原因的why，代表"多少"等的"how + many等形容词"。由于表语从句使用较为简单，大多数学习者对这一从句也可以做到快速辨识以及自如使用。

2. 定语从句

（1）限制性定语从句。

例句1：

The years when I help my father run our own business are unforgettable and benefit me a lot.

比较近似意义简单句：I help my father run our own business in those years.The years are unforgettable and benefit me a lot.

第四章 创业导向下培养外贸跨境电商农业人才行动方案实施及监控

或者简单句并列：I help my father run our own business in those years and the years are unforgettable and benefit me a lot.

例句2：

定语从句：He is curious about the reasons why the company failed to ship the containers before the deadline.

比较近似意义简单句：Why did the company fail to ship the containers before the deadline? He is curious about the reasons.

从例句2中，我们可以看出，这两句简单句由于较为特殊，是不可以用一些如and等的连词进行连接的，因此这两个简单句看起来有些许割裂；但是简单句也能更加强调问题，常用于口语中。而定语从句由于把两个简单句连接在一起，更加突出了两个简单句在定语从句中的黏合性以及从语义上的连贯性。

例句3：

定语从句：He loves the book which gives him such brilliant ideas.

比较近似意义简单句：He loves the book. The book gives him such brilliant ideas.

或者简单句并列：The book gives him such brilliant ideas; hence, he loves it.

从这里我们可以看出，比较定语从句与hence所连接的两个简单句，定语从句的优点在于语言更加简洁，语义上更加黏合；简单句更加强调了the book；因果关系的简单句则更加强调原因；因此表达各有侧重。

例句4：

定语从句：He has retired from the company for which he has worked for decades of years.

比较近似意义简单句：He has retired from the company. He has worked for the company for decades of years.

或者：He has retired from the company and he has worked for this company for decades of years.

我们可以看出，相比较于定语从句的语义紧密性与连贯性，无论是两个简单句还是简单句的并列都不可避免地展示出了语义些许割裂的劣势；但同时，简单句或简单句并列更加强调了 he，经常用于口语中。

例句5：

  定 语 从 句：He has resigned from the company whose value he disapproves of.
  比较近似意义简单句：He has resigned from the company. He disapproves of the company's value.
  或者简单句并列：He has resigned from the company since he disapproves of the company's value.

从上面我们可以看出，通过 whose，两个简单句实现了完全的融合，也实现了相同意义表达功能的语言的简洁性。

定语从句遍布于各种语料中，因此对于定语从句的掌握是非常必要的，定语引导的从句一般充当后置定语，修饰前面的中心词，或者可以说，定语从句由于较长，所以不可以充当前置定语（如果充当前置定语的话，就会淹没中心词），一般充当后置定语，可以由各种关系代词引导，如没有特定意义的 that，代表人的 who，代表人物宾格的 whom，代表事物的 what，代表原因的 why，代表地点的 where，代表时间的 when，代表不定的"which+ 各种名词"，代表方式的 how，代表"多少"等的"how + many 等形容词"。教师应强调定语从句应用的最佳语境，不可一味强调定语从句使用的优点，以避免学习者为了使用定语从句而使用定语从句。总之定语从句的表达不一定优于简单句或者简单句并列，在用英语进行表达时，一定要注意不同句式适用的不同语境，这样才能做到对所要表达含义更准确地进行。

（2）非限制性定语从句。

例句1：

  China is a country with a long history, which is known to us.
  比较近似意义简单句：China is a country with a long history, that is known to us.
  或者：China is a country with a long history, it is known to us.

从上面三句中，我们可以看出相比较于 that 或 it 常常用来指代某个词或者短语，which 能更加有力地指代前面的一句话，更加增强与前一句话的黏合，也更加有利于句与句之间的连贯性。非限制性定语从句的用法是极易掌握的，教师提醒学生在趋向于使用 it 或者 that 指代前面一整句话时，考虑使用 which 代替是否是更好的选择即可。因此，非限制性定语从句的用法是比较容易掌握的。另外一种相似的表达是 such。例如：

例句 2：

Everyone of his family loves reading, such is the significant influence to him.

比较近似意义简单句：Everyone of his family loves reading, which is the significant influence to him.

从上面两句中，我们可以看出，such 或者 which 都指代前面的一句话，两者的表达各有所长，两者都保证了与前面一句话的连贯性。which 由于是一个先行词并且是从句的引导词，所以更加强调与上一句的连贯性；但是相对于 which，因为 such 本身的意义就是指代前面，所以更加强调对前面整体的指代性。

学生练习编写本学时相关句式，与同伴及教师进行讨论。

二、行动监控

（一）任务完成

请设想你是一家小微创业公司负责人，需在电商平台上介绍公司一种产品。介绍应包含产品概况介绍、产品细节介绍、产品特色及售后服务等。

第一，在写作之前，教师指导学生先设想一家相关的具体公司，并可通过网络查阅相关资料，基于资料，介绍公司的相关情况。教师要强调无论作何种介绍，都要先了解对方的基本情况，尽可能多地提供对方感兴趣的信息。

第二，在写作时，教师强调写作要言简意赅，详略得当。另外，教师要强调语法与拼写的正确性。严谨的公司风格应该体现在每一个方面。

对于本次任务，同学们基本可以完成对产品的介绍并能适当使用表语从句与定语从句。本次任务存在的主要问题是一些同学把此次任务写成了产品介绍的作文。在网站上对产品进行宣传时，要先分点介绍，在格式上要简洁、明了，一个点一个段落，并且宜于以短语开头，以使读者对每一点产生深刻印象；同时要把最主要的点置于最前面介绍，以突出产品以及服务等的闪光点。

（二）自我效能评估

教师引导学生评估自己是否掌握了通用的介绍产品常用词汇；语法上是否可以自如表达表语从句与定语从句；听力上是否可以获得产品的主要信息；在口语以及在线即时交流中，是否可以介绍产品的相关信息；在书面邮件交流中，是否可以简洁以及准确地介绍公司产品且使客户印象深刻。

第四节　培养咨询事项处理能力行动实施及监控

行动目标：
- 学习咨询的相关表达。
- 练习咨询相关的口语及写作。
- 巩固状语从句及同位语从句。

行动实施：
- 相关表达。
- 对话范例。
- 状语从句及同位语从句复习。

行动监控：
- 任务完成。
- 自我效能评估。

教学学时：2学时。

一、行动实施

（一）相关表达

教师引导学生关注下列表达，下列表达选自《实用外贸英语》(p.23)。

Inquiry note, conclude business with (sb.)。

（二）对话范例

下面对话选自《实用外贸英语》（pp. 26-27），横线为笔者所标。

When can I get a firm offer?

Barbara Jones, a hardware dealer, is visiting the Guangzhou Trade Fair.

Sun:Hello, Ms ...

Jones:I'm Barbara Jones.

Sun:Nice to meet you, Ms. Jones. I'm Sun Lili. Please have a seat!

Jones:Thanks, Ms. Sun.

Sun:Is this your first time to the Fair?

Jones:Yes.

Sun:Have you <u>had a look round</u> the exhibition halls?

Jones:Yes. I <u>took a walk around</u> the day before yesterday. The halls are so spacious that I lost my way several times.

Sun:Really? You should follow the signs.

Jones:I did, but, you know, the exhibits are so <u>spectacular</u>.

Sun:I see.

...

Jones:I'd like to find out about hardware. Here's my list. <u>I hope you'll give me your best offer</u>.

Sun:I'll try my hardest.

Jones:Thanks. If your prices are good and if I can get the commission I want, I can place the order with you right away.

Sun:<u>I'm sure you'll find our prices are very competitive. Hardware has gone up a lot in recent years, but our prices haven't changed much.</u>

Jones:Glad to hear that. When can I get a firm offer?

Sun:We'll <u>have it worked out</u> by this evening and let you have it tomorrow morning. Would you be free to <u>come by</u> then?

Jones:Fine. I'll be here tomorrow morning at nine. How's that?
Sun:Perfect. See you tomorrow then.
Jones:Bye!

本对话是展会上参展方与潜在客户的一个对话。对话开头一般是展会中一般的招呼用语。have a look round、take a walk around 都是常用的口语表达；关注 have it worked out 和 come by 的表达；关注一般的赞扬表达，如 spectacular；关注对于对方的期待性表达，如 "I hope you'll give me your best offer."；关注对于本方立场的坚持性表达，如 "I'm sure you'll find our prices are very competitive. Hardware has gone up a lot in recent years, but our prices haven't changed much."，此句为利用现在完成时态列出我方价格的合理性。

（三）状语从句与同位语从句复习

1. 状语从句

状语从句是这些从句中学习者较早习得的一类从句，除了时间状语从句以外，还有条件、原因、转折等各种状语从句。学习者一般都可以自如使用此种从句。例句如下所示。

When I was in college, I took courses related to business English.
If you go to the conference, I will go either.

2. 同位语从句

I agree with the fact that setting up my own business will bring some pressure to me at the beginning.

比较近似简单句：Setting up my own business will bring some pressure to me at the beginning. I agree with the fact.

或者近似简单句并列：Setting up my own business will bring some pressure to me at the beginning and I agree with the fact.

从以上例句中我们可以看到，与简单句或者简单句并列相比较，在书面语中，同位语从句更加简洁、连贯，并且强调了"I agree with the fact."；简单句比较强调前半句话，在口语中使用比较广泛。

还有一种同位语从句在描写事实时也是非常有效的。例如：

There is belief that many persons are feeling happy.
比较：Many people believe that many persons are feeling happy.

通过这两句的比较，我们可以看到，同位语从句通过使用 belief 及同时说明 belief 的含义即 "many persons are feeling happy" 双重强调了目前存在的一种观念事实；同位语从句隐去了不太明确、泛指且不太重要的主语；同位语从句以 there be 句型强调客观存在的事实。因此，同位语从句用来描述客观存在的事实是非常有优势的。

例如：

There is the agreement that the payment need to be made before the deadline.
There is the rule that the customers' complaints are expected to be dealt with as soon as possible.

教师要求学生在熟练理解并可以自如使用这些从句的基础上，掌握从句的并列及转折等各种关系的组合和叠加的各种复杂句。例如：

从句并列：This is not what I mean and what I really intend to express is misunderstood by you.
从句叠加：What I mean is that giving a detailed introduction of the products that the potential customers are concerned about matter a lot.

笔者通过近几年的教学观察发现，让学生理解从句并不难，但是很多学生无论在口语表达还是书面输出中都是使用简单句居多，不能自如地使用相关从句，更不能灵活使用从句叠加的各种复杂句。因此，从句的巩固是非常重要的。

学生练习编写本学时相关句式，与同伴及教师进行讨论。

二、任务监控

（一）任务完成

任务1：假设甲参加国际展览会展出产品，乙光顾甲的展位。甲简单介绍自己公司并表示自己公司拥有网上商铺及工厂，一半产品出口海外，并对主要产品以及售后服务进行了详细介绍。乙在听完介绍后索要产品目录、价目表以及相关样品，并承诺如果质量有保证将会建立长期合作关系。请一人分饰两角，自编对话，注意对话需要有开头的打招呼以及结尾的礼貌道别。请对此口语练习进行录音。

同学们对国际展览中可能出现的咨询对话基本掌握且可以运用，并能有意识地使用状语从句和同位语从句。本次任务主要强调同学们对产品的介绍一定要突出其特色之处。

任务2：设想你是一家小微创业公司创始人，公司主要通过电商平台对外国客户销售产品，请自编对话，回答客户咨询，并介绍相关产品，希望与客户建立长期合作关系。小组合作完成任务，一个组员角色为商铺负责人，其他组员角色为不同的客户。

此次任务为合作对话，主要考察组员之间的交流协同的能力、使用咨询的相关表达的能力以及是否能高效以及礼貌、灵活地完成对话。

对于此次任务，同学们基本可以完成在线相关咨询，但也存在问题：部分组员之间交流衔接不够自然，问答不太灵活。

任务3：甲经营一家网上商铺，乙来自欧洲，想要订购甲商铺中的真空包装茶叶。乙向甲咨询产品的产地、加工工艺、味道特点以及其他产品特色，甲详尽回答咨询并向乙介绍泡茶工艺等。乙咨询订购10箱产品的价格，甲向乙提供价格（包含包装以及发货时间等）并尽力使乙接受自己的报价。

本次任务可以督促学生查阅茶的加工工艺以及泡茶工艺等中国文化，能够使学生在完成任务的同时深入了解中国文化并传播。

对于此次任务，同学们基本可以完成个性化的在线咨询，而且有同学设计了给潜在客户发加工工艺视频链接的对话，使描述更为直观；有同学使用强调句强调产品的优势。这些都说明了同学们对咨询表达的熟练驾驭。

（二）自我效能评估

教师引导学生评估自己是否掌握了商业交往中进行咨询以及回复常用词汇；在语法上，是否可以自如表达状语从句与同位语从句；在口语以及在线即时交流中，是否可以在问询以及回复方面自如交流；在书面邮件交流中，是否可以简洁以及准确、礼貌地进行问询以及对相关问题进行回复。

第五节 培养价格事项处理能力行动实施及监控

行动目标：
- 口语中或者邮件中主动报价或者回答关于价格的咨询。
- 口语中或邮件中就价格问题与客户进行商谈并给出充足理由。
- 无论口语还是书面表达都可以做到礼貌、准确以及简洁。
- 巩固非谓语作伴随用法。

行动实施：
- 相关表达。
- 翻译练习。
- 听力策略。
- 对话范例。
- 写作范例。
- 非谓语作伴随用法。

行动监控：
- 任务完成。
- 自我效能评估。

教学学时：3学时。

一、行动实施

（一）相关表达

教师引导学生注意下列表达，下列表达选自《跨境电商交际英语》(pp.52, 57, 67, 73)。

competitive price, favorable price, bottom price, cut the price, make a concession, ex-factory price, revise the price, clearance sale, group-buying price, coupon, sales promotion, refund, retailconfirm, anniversary, charge, commission, expire, feedback, sample, via, bulk price, make a deal, meet each other halfway, minimum wholesale quantity, new arrival, newest release, sole agency, time-limited promotion, unit price, up to 70% off, vary with.

下列表达选自《实用外贸英语》(pp.31-44)。

Quotation, EXW, DAP, Offer, firm offer; non-firm offer, Counteroffer, Acceptance。

（二）翻译练习

下列句子选自《跨境电商交际英语》第三单元（pp. 55, 60, 66），但为了本次教学的方便，把汉语放在了英语前面。教师引导学生注意分析笔者用横线画出的部分。

• 价格能便宜一点吗？薄利多销。
Can the price come down a little? A lower price means larger sales.

本句中教师引导学生注意"A lower price means larger sales."，以此句为例对比较级平行结构进行强调。

• 有许多商品参加团购和秒杀活动。
There are many kinds of products you can buy by group-buying and second-killing.

第四章　创业导向下培养外贸跨境电商农业人才行动方案实施及监控

本句中教师引导学生注意 group-buying 和 second-killing 中"名词 – 现在分词或动名词"的构词法。

- "我们各让一步吧。我们能提供的最大折扣是5%。"

Let's <u>meet each other halfway</u>. The <u>maximum discount</u> we can offer is 5%.

本句中教师引导学生注意 meet each other halfway 使用隐喻进行的形象表达以及 maximum discount 所进行的最高级别的表达。

- 如果你下一个大订单，批发价可以相应地下调。

If you place a large order, the <u>wholesale price</u> can be <u>lowered accordingly</u>.

本句中教师引导学生注意 accordingly 承接上下句的用法以及 lower 的动词用法。

下列句子选自于《实用外贸英语》(pp.49-50,54,286)，横线为笔者所标。

- 由于制造厂商大量承约，目前无法满足你方需求，十分遗憾。一旦我方可以供货，就立即与你方联系。

Owing to <u>the heavy commitments of our manufacturers</u>, we regret that we are unable to meet your requirements <u>for the time being</u>, however, we will contact you as soon as we are in a position to offer.

在本句中，教师引导学生关注"Owing to the heavy commitments of our manufacturers"中的名词化简洁表达，比较相似意义翻译"Because our manufacturers have signed a lot of contracts."；注意 for the time being 利用动词现在分词强调的表达。

- 如5日内不接受，该报价撤销。

This offer <u>must be withdrawn</u> if not <u>accepted</u> within five days.

本句中，教师引导学生先关注被动语态，然后关注 accepted 作为过去分词对主句作伴随的使用。

· 除非另有说明或协议，所有价格为净价不含佣金。

<u>Unless</u> <u>otherwise</u> <u>stated</u> or <u>agreed upon</u>, all prices are <u>net</u> without commission.

在本句中，教师引导学生关注 otherwise 对否定进行强调的用法；关注 stated or agreed upon 过去分词作伴随的用法关注加连词 unless 进行否定条件的强调；注意 net 作为形容词进行修饰的表达。

（三）听力策略

听力策略为听出主要信息以及主要数字。学生需要根据教师指导听出主要信息，在主要信息方面，教师依然强调关键词的重要作用；在数字方面，教师训练学生对数字的敏感度。

（四）对话范例

以下对话横线为笔者所标．

对话 1：本对话选自《跨境电商交际英语》第三单元（p.54）。

(The buyer wants to buy a skirt. Now she is bargaining.)

Buyer: I like the skirt in your store, but I think $85 is a little expensive. Is it possible to lower the price a bit? <u>Say</u>, $75 each?

Seller: Sorry. We seldom bargain.

Buyer: It's my first visit to your store. Would you please offer me some kind of discount?

Seller: <u>If you consider the quality of the skirt</u>, you will find <u>our price is quite reasonable</u>.

Buyer: This is our first time doing business. If you offer me your lowest price, I might become a <u>regular customer</u>. <u>A low price would mean larger sales</u>.

Seller: The skirt is <u>the best-seller</u> in my store. <u>As it is</u>, I <u>won't make much money on this order</u>. The skirt sells well and <u>may go out of stock</u> soon. If you don't buy it now, you might <u>end up regretting it</u>.

Buyer: I really like this skirt. If it's impossible to reduce the price, will you give me free shipping?

第四章 创业导向下培养外贸跨境电商农业人才行动方案实施及监控

Seller:I'm very sorry. I can't. Shipping costs have gone up a lot recently. Moreover, I have to pay a 5% commission to AliExpress.

Buyer:I'm afraid that I cannot make a deal if you don't make some kind of concession, because there's not enough money on my credit card.

Seller:Well, you certainly drive a hard bargain. I suggest we meet each other halfway. We can come in at $80 per piece. I could reduce the price by $5 on your order. That's the best I can do.

Buyer:You're so nice. Thank you very much.

Seller:OK. Now please place the order and I'll revise the price for you.

在本对话中,教师主要引导学生注意对话的口语风格以及常用的价格商讨表达。在内容上,本对话是卖方和买方进行价格商讨的一段对话。首先,应注意典型的口语风格,如 "Say, $75 each?"。其次,卖方对于买方进一步降低价格的要求,要给出自己的回应,并要给出令人信服的证据,如 "If you consider the quality of the skirt, you will find our price is quite reasonable.",the best seller, may go out of stock soon, "As it is, I won't make much money on this order."(注意 as it is 对真实性的强调),"If you don't buy it now, you might end up regretting it.","Shipping costs have gone up a lot recently.",commission。最后,注意达成交易的相关表达,如 meet each other halfway,"We can come in at …" 以及 revise the price。

语言点方面,教师应引导学生注意 regular customer, A low price would mean larger sales. 的表达;注意 make a deal、make some kind of concession 的表达;注意 drive a hard bargain 的这一表达,使用了隐喻,非常形象。

对话 2:本对话选自《实用外贸英语》(pp.52-53)。

The fact is that your price is too high to be workable.

Mr. Jurgen Henke, a representative from a German machinery company, is talking with Mr.Wang into accepting the price for the drillers.

Henke:I'm glad that we've had good discussions about the technical side. Shall we bring in the commercial side of it now?

· 75 ·

Wang:Yes. But your price is so high that we can hardly make a counteroffer.

Henke:It pays to buy good machines. Better quality usually means a higher price.

Wang:You're right there.

Henke:You probably know that our drillers are by far the best in Europe, and probably, in the world.

Wang:Yes. And your price is by far the highest.

Henke:It's the quality that counts. Our driller steel is far superior to that used by the Japanese.

Wang:It's no secret that we've had quotations from Japan for similar machines. If your price were just slightly higher, there wouldn't be any problem at all. The fact is that your price is too high to be workable.

Henke:You should take into consideration on our machines' superior quality.

Wang:That we have.

Henke:What's more, our design and technology are completely up-to-date. You'll be assured of efficient service for years to come.

Wang:That's precisely why we prefer to order from your company.

Henke:Well then, can you give us an idea what price you consider workable?

Wang:We hope that you'll take the initiative and bridge the gap.

Henke:Well, well. We'll reduce the price by 5%. I hope this sets the ball rolling.

Wang:I'm afraid the ball can hardly roll very far. Certainly it's a step forward. But the gap is still too wide. I'd suggest another 10%.

Henke:Oh, I'm afraid that won't do. It simply can't stand such a big cut.

Wang:If that's the case, I'm afraid we'll have to go elsewhere.

Henke:Well, I'm not in a position to agree to such a big

reduction. I have to get in touch with my head office and let you know their decision in a day or two. Will that be okay with you?

Wang:OK. I hope we can both get something out of this.

本对话中,教师应引导学生关注内容以及语言风格。本对话口语风格明显,应关注口语化明显的表达,如"Shall we bring in the commercial side of it now?"。应关注卖方对于自己价钱合理性的解释,卖方进行解释时应列出具体的证据,如"Better quality usually means a higher price.","You probably know that our drillers are by far the best in Europe, and probably, in the world.","It's the quality that counts.";应表示出对于自己公司产品的自信以及反复强调"You should take into consideration on our machines' superior quality.";可从公司产品的其他方面强调自己公司产品的优势,如"What's more, our design and technology are completely up-to-date. You'll be assured of efficient service for years to come.",此例句强调了一般客户较为关心的设计、技术以及售后,从而为自己产品的高价格提供了支持,并使用相关表达如 up-to-date、be assured of 进行强调;可使用对比强调自己公司产品的优势,如"Our driller steel is far superior to that used by the Japanese."。可使用"It simply can't stand such a big cut."表示对本方立场的不可妥协。

在还价时,买方可以使用 by far,如"And your price is by far the highest.";使用"too...to"结构,如"The fact is that your price is too high to be workable."强调价钱过高。可以通过对比对对方施加压力,如"It's no secret that we've had quotations from Japan for similar machines."。也要对对方的产品给予肯定"That's precisely why we prefer to order from your company."。可使用如 take the initiative and bridge the gap 敦促对方采取相应的行动。可使用"But the gap is still too wide."敦促对方采取进一步行动。要在适当的时候对对方施加压力,如"I'm afraid we'll have to go elsewhere."。可使用"I hope we can both get something out of this."表示对于对方的期望。

语言点方面,教师要引导学生关注"talk...into..."、technical side、commercial side、counteroffer 的表达;注意 slightly 置于形容词前表强调;注意隐喻手法的运用,如 set the ball rolling 可形象地说明对未来合作的期待。

（五）写作范例

其中横线为笔者所标。

信件1：选自《实用外贸英语》（p.45）。

Sample Letter 1 (A Non-firm Offer)
Zhejiang Cereal, Oils & Foodstuffs Imp. & Exp. Cop.
102, Fengqi Rd. Hangzhou 310006, Zhejiang
March 19, 2014
Mulsen Trading Co., Ltd.
3823 56th Avenue S. W. Seattle, Washington 98116.U.S.A.
Re:GREEN BEANS
Dear Sirs,
In reply to your letter of March 10, we have pleasure in offering, subject to our final confirmation, the captioned goods as follows:
Commodity:Green Beans
　　　　　　　　Hangzhou Origin, 2013 Crop
Quantity:300 metric tons
Price:　　at US $1500-Per metric ton CIF Seattle
Packing: in ordinary second-hand gunny bags
Shipment:in May, 2014
Payment: by irrevocable L/C, payable by draft at sight
We hope this offer will be of interest to you, and look forward to hearing from you.
　　　　　　　　　　　　　　　　　Yours faithfully,
　　　　　　　　　　　　　　　　　signature
　　　　　　　　　　　　　　　　　Zhou Yanming
　　　　　　　　　　　　　　　　　Manager
　　　　　　　　　　　　　　　　　Export Department

本封信件主要用于引导学生关注信件的主要格式。从上面信件中，可以看出一封完整的信件除了信件内容，还要包含寄信人和收信人的公司名称以及地址等。

第四章 创业导向下培养外贸跨境电商农业人才行动方案实施及监控

第一部分需要写的是寄信人的公司名称以及地址，而且公司名称和地址要分行写。第二部分需要写的是写信日期、收信人的公司名称以及地址，这些信息都要分行书写。第三部分是信件主题，需要围绕信件主题展开书写。例如，本信件的主题是回信。

信件内容也很重要，以本信件为例，内容主要是进行回复。进行回复时，要对要回复的信息以及相关买方可能关注的信息进行罗列，使其简洁清晰，易于阅读，如本信件就将关键的几条信息罗列了出来；信息要尽量具体全面，如本信件对于包装材质等都进行了详尽说明。

最后署名中一般会出现写信人的职位和部门等。

信件2：选自《跨境电商交际英语》(p.70)。

Holiday Promotions

SUBJECT : YOUR ABSOLUTE LAST CHANCE!

Dear all,

Black Friday is coming soon. Are you ready?

Visit us to enjoy 40% off on everything in the entire shop. Plus, you will also get an additional 10% off if you spend $400 or more, or 15% off if you spend $600 or more. The sale ends on November 15th. It's your last chance!

Please feel free to contact us if you have any additional questions. Have a lovely day!

Sincerely yours
David

教师要引导学生关注信件的功能。从目的来看，本信件的目的为进行促销宣传，属于广告，所以如果不是以信件的方式，此段文字还可以置于电商商铺的首页或者网站弹窗进行提示以在使消费者受惠更多的同时促销更多商品，达到双赢的效果。因此，对于广告，要注意语言表达风格。第一，广告语具有号召性，如使用引起读者好奇心的具有神秘性的号召性句式"Are you ready?"；也可使用祈使句进行号召，如"Visit us to enjoy 40% off on everything in the entire shop."，号召潜在消费者行动起来。第二，注意广告语的简洁性，如使用plus而不是in addition等表示"而且"，语言简洁；可使用排比句式如"you will also get an additional 10% off if you spend $400 or more, or 15% off if you spend $600 or more."来说明优惠情况，易于读者阅读以及了解。第三，注意时态的使用，如使用现在进行时表示将来，可强调动作发生的紧迫性以及对读者造成压力，如"Black Friday is coming soon."和"Black Friday will come soon."相比，很显然，第一句比第二句更加突出了"黑色星期五"的即将到来，能够给潜在消费者造成要准备好享受优惠的紧迫感；"The sale ends on November 15th."使用一般现在时，强调活动随时会结束，吸引消费者及时购买。第四，注意特定词汇的使用，如使用 enjoy 表示站在消费者的角度思考，消费者可以享受到优惠带来的切实好处；"It's your last chance!"使用 last 吸引消费者及时享受优惠；"Have a lovely day！"使用 lovely 拉近与消费者之间的距离。

因此，总体上看，本广告既没有夸张到不可信，又能在很大程度上激发消费者的好奇心与紧迫感。在编写英文广告时一定要注意句式、时态、选词等。

（六）非谓语作伴随复习

对于很多学生来说，非谓语的识别与理解是较为容易的。在各种不同的语境下，为了使语言简洁、连贯、更加紧密，非谓语的使用是必要的。但是，据笔者多年的教学观察，很多学生在非谓语的自如使用方面还存在一定的提高空间。

非谓语主要包含三种用法：第一种是与逻辑主语关系为被动时的过去分词非谓语作伴随；第二种是与逻辑主语关系为主动时的现在分词非谓语作伴随；第三种是连词与非谓语相结合。前两种用法主要用来表示非谓语动作与主句动作的同时发生，对主句动作的伴随；第三种用法主要用来强调各种关系，此种用法在非谓语的三种用法中是较易被学生掌握的。

1. 过去分词非谓语作伴随

Ridden by his baby daughter like a horse, he is enveloped by happiness.

此处，ridden by his baby daughter 的逻辑主语是 he，强调与 is enveloped by happiness 的同时发生。

此句如果不用非谓语 ridden，也可以用以下两种形式进行表达，即用两个简单句表达：

He is ridden by his baby daughter like a horse.
He is enveloped by happiness.

或者用两个并列的简单句进行表达：

He is ridden by his baby daughter, and he is enveloped by happiness.

从上例可以看出，非谓语更加强调了对主语的伴随而且表达也更加简洁。

2. 现在分词非谓语作伴随

Listening to his favorite music, he is trying to recite the English words.

此处，Listening 的逻辑主语是 he，强调与 trying to recite the English words 的同时发生。

此句，如果不用非谓语 listening，也可以用以下两种形式进行表达，即用两个简单句表达：

He is listening to the music.
He is trying to recite the English words.

或者用两个并列的简单句进行表达：

He is listening to the music and in the meantime trying to recite the English words.

教师在非谓语表示伴随的教学过程中，要将使用非谓语表达与不使用非谓语表达进行比较，让学生指出两种表达所强调的不同之处。在用两个简单句表达相同意义的情况下，非谓语表达主要有三个优势：第一是强调了两个动作发生的同时性，第二是简洁，第三是句与句之间更加连贯。在用两个并列的简单句表达相同意义的情况下，非谓语表达的优势在于更加简洁。当然，简单句表达为对两个简单句分别进行了强调，广泛存在于各种口语中；非谓语作伴随经常出现在书面表达中。

3. 连词与非谓语相结合

While listening to his favorite music, he is trying to recite the English words.

此处 while 强调 listening 与 trying to recite 两个动作的同时发生。学生练习编写本学时相关句式，与同伴及教师进行讨论。

二、任务监控

（一）任务完成

任务1：设想你是一家小微创业公司创始人，客户来信咨询他们的意向订购产品能否降价6%，你回信说明最大折扣为3%，并解释原因，希望达成本次合作。要求语言准确、简洁，言辞诚恳。

对于本任务，大部分同学都能做到礼貌表达需求，并礼貌解释原因，尽力说服对方接受自己的价格，已经可以站在卖方的立场进行写作。但仍存在一些问题：很多同学写得很多很长，但是无法做到分段。因此，要提醒同学们在信件字数较少的情况下可以独段成文；但如果字数较多，则应分段进行说明。

任务2：请根据对话情景一人分饰两角编对话并进行录音，对话情景如下所示。

假设你在某网站上经营一家商铺，主营真空包装食品。一位美国客户访问你的网店，告诉你他曾经买过你店铺的商品，由于觉得非常好，再一次进行大批量购买，询问相关优惠。适逢你店铺一周年店庆，你送给他店庆优惠券，但是他要求更多优惠，最后你们达成交易。但是一天后，你再次联系他，原因是他所订购的商品仓库缺十袋货，你劝说他换成另一种口味，并承诺赠送相关赠品。最后你们达成交易。

对于此任务，同学们已经可以熟练地进行价格上的商讨，有同学站在买方立场提到要求更多优惠的原因，并承诺得到优惠后会进行一些回馈行为，如介绍更多客户；也有同学站在卖方立场，解释为何无法及时补货。这些都是同学们熟练掌握的标志。

任务3：请编对话。假设你是一家公司负责人，另外几位为客户公司负责人，两家公司对价格进行谈判，并为自己想要的价格陈述充足理由。

对于此任务，同学们可以进行正式的价格讨论并可以有意识地使用非谓语作伴随用法；同时应注意在陈述自己愿望价格时原因要具体并给予充分证据，如材料成本、营销成本等的具体的权威的数额，原因是具体的数字是非常具有说服力的。

（二）自我效能评估

教师指导学生进行自我评估：词汇上，是否掌握了大部分相关词汇表达；语法上，是否能使用非谓语作伴随进行自如表达；听力上，是否能准确获得主要数字信息；口语及写作表达上，是否能礼貌以及准确地进行价格商讨；商务交际上，是否能了解对方公司的基本信息、主要需求、主要关注点，并基于对方的主要需求以及主要关注点进行价格商讨。

第六节　培养订单事项处理能力行动实施及监控

行动目标：
- 了解产品下单的相关表达。
- 口语及书面上基于下单事宜进行准确的商务沟通。
- 了解外贸出口国家主要文化并能找到对方基于下单的主要需求。
- 巩固非谓语作定语用法。

行动实施：
- 相关表达。
- 翻译练习。
- 对话范例。
- 写作范例。
- 非谓语作定语复习。

行动监控：
- 任务完成。

- 自我效能评估。

教学学时：3 学时。

一、行动实施

（一）相关表达

教师引导学生掌握下列表达。

此部分选自《跨境电商交际英语》（pp.76,81,87,97）。

product catalogue, conclude a transaction, trial sample, compressed file, rest assured, free of charge, cancel the order, out of stock, on hand, substitute...for, in stock, search box, product details page, create a new account, enter a number, add an item, remove an item, scroll down, sign in to an account, access the shopping cart, compressed file, to one's taste.

此部分选自《实用外贸英语》（p.61）。

standard export case, stencil, remark, shipping documents, shipping advice, shipping order, shipping dock, shipping invoice, shipping process, shipping agents, shipping container, shipping space, shipping expense, shipping notice, shipping weight.

下面信件节选自《实用外贸英语》（pp.59-60），参考此部分信件，教师简单说明订单中常用的表达：

We confirm our agreement on purchase of the following goods:
- Description
- Quantity
- Packing
- Unit Price
- Payment
- Delivery
- Shipping marks

- Remarks

（二）翻译练习

本部分选自于《实用外贸英语》（马俊等，2015，p.62），横线为笔者标出。

- 我们很高兴随函附上…一式两份，用于…
We are pleased to <u>enclose</u> ...<u>in duplicate for</u>....

本句中，教师引导学生注意 enclose 中"en"作为动词前缀的构词法以及 in duplicate 与 double 联系学习，由于 duplicate 以 ate 结尾，更加具有动作属性。

- 因我方急需此货，请尽力将我们所定货物于6月底前按期出运。
As we are <u>in urgent need of the goods</u>, would you please do your utmost to <u>effect</u> shipment of our ordered goods by the end of June <u>as scheduled</u>.

本句中，教师引导学生注意 in urgent need of the goods 的强调表达，effect 作为动词的表达，as scheduled 中连词位于过去分词前面作后置定语的表达。

下面翻译部分选自《跨境电商交际英语》（p.84），横线为笔者标出。为了教学所需，将汉语句子放在了英语句子前边。

- 我们这批货的库存有限，因此今天供货有困难。
We only have a limited number of <u>items in stock</u> so we <u>might</u> have trouble filling this order now.

本句中，教师引导学生注意 items in stock 作为状语后置进行修饰的表达，同时注意 might 作为委婉语气的表达。

（三）对话范例

对话1：《跨境电商交际英语》（pp.82-83），横线为笔者标出。

(Jack is a buyer from England. Alice, the Ali store salesperson, finds out

the T-shirt on Jack's order is out of stock. Now she is trying to persuade him to replace the blue T-shirt with another one.)

Seller: Hello, Sir. I'm sorry we're having some trouble filling your order. There's a temporary supply problem.

Buyer: What's the problem?

Seller: I'm very sorry, the blue T-shirt in your order is out of stock. A customer from Russia ordered all 50 T-shirts just now.

Buyer: That's a pity. When will they be available?

Seller: I've contacted the supplier for the order, but it always takes about 15 days for delivery.

Buyer: I can't wait such a long time.

Seller: We didn't expect the high sales season to start so soon and the T-shirts are in short supply. I'm sorry, but that's the best we can do.

Buyer: Well, then I'll cancel the order for these T-shirts. What's the number of the item?

Seller: No. J13. Would you consider this similar one on this link? It's also very popular.

(A few minutes later.)

Buyer: Sorry, it's not to my taste. I don't like the horse design. But I want the same one as in the image I just sent. Do you have any of that in stock?

Seller: I think we have the T-shirts with the eagle design. Could you give me more detailed information?

Buyer: Yes, sure. Please click on the following link.

(A few minutes later.)

Seller: I get it. We have them in stock.

Buyer: Really? I can't find them in your Ali store. Please give me the link.

Seller: We're in the process of updating our new products. There are a lot of new styles in stock. You will see them online in a couple of hours.

Buyer:That's great! Please let me know when you've finished updating your products online. I'd like to replace the out-of-stock item J13 with those.

Seller:No problem. I'll leave you a message when we're finished.

在本对话中，教师引导学生关注作为销售者如何说服客户在缺货的情况下改选其他相似货品，而不是直接放弃客户。第一，要详细解释原因以及作为销售者的无奈，如"There's a temporary supply problem""out of stock""A customer from Russia ordered all 50 T-shirts just now.""We didn't expect ... and ... are in short supply."等词句给出了具体的原因，详细而又可信，同时要关注相关的道歉表达，如"I'm sorry we're having some trouble filling your order."；第二，要给出具体的解决措施，以及表现出对于解决此问题的积极主动的态度，如"I've contacted ..., but ...."，同时劝说对方考虑其他的选择，如"Would you consider this similar one on this link? It's also very popular."。

语言点方面，教师应引导学生关注相关表达，如 out of stock、to my taste、in the process of updating 的表达，注意 a couple of 的常用表达以及与 a few、some 相比较更加强调"数量为几个"。

对话2：《跨境电商交际英语》（pp.88-89），横线为笔者标出。

(The buyer wants to buy flashlights, but he doesn't know how to place an order.)

Buyer:I'm interested in the flashlights at your store. Here's the link. How many colors are available?

Seller:We have 4 colors, black, yellow, silver and gray.

Buyer:What's the weight of the item?

Seller:Nine ounces. You'll find more detailed information if you scroll down the product details page.

Buyer:This is the first time I'm trying to purchase goods on Amazon. I'm not sure how to place an order.

Seller:Let me show you how to order. First of all, you should create a new account or sign in to your account if you already have one.

Buyer:Yes, I'm <u>logged in</u> to my account now.

Seller:Open the item's "Product Details" page. Then <u>click the "Add to Cart" button</u> on the page. <u>Once you've added an item to your cart, you can keep searching or browsing until your cart contains all the items you wish to order.</u> You can <u>access the contents of your cart</u> at any time by clicking the "Cart" button on any page.

Buyer:I see. Thanks.

Seller:It's my pleasure.

(A few minutes later.)

Buyer:How can I change the quantity of the item in the "Shopping Cart"?

Seller:Enter a number in the "<u>Quantity Box</u>" and click "Update".

Buyer:I found new style wireless speakers in your store just now. Could you tell me how to remove an item from my "Shopping Cart"?

Seller:That's easy. Just click "Delete".

Buyer:I've added all the items I want to buy. What should I do next?

Seller:Please <u>review the items</u> in your "shopping Cart". If all the details are OK, you can click "<u>Proceed to Checkout</u>". <u>Enter a delivery address</u>, choose a delivery method, and <u>enter your payment information</u>. Then click "Place Your Order".

Buyer:All done. Thank you very much.

在这段对话中，教师主要需引导学生注意对话内容以及电商平台交易中常用的一些表达。从内容上看，本对话是关于如何在某一电商平台上建立账户、进行登录、浏览页面、加入购物车、修改购物车数量、删除购物车物品、输入收货地址以及进行付款等一系列操作的，要关注相关的英语表达。

从表达上看，要注意 link、available、item、scroll down the product details page 的表达；要注意 "This is the first time I'm trying to purchase goods on Amazon." 中 the first time 后引导的定语从句，由于是口语，the first time 后面的 when 省略了，但是在书面语中，when 一般要保留；要注意 create a new account or sign in to your account 的表达，关注 log in、click、Add to

Cart、button 的常用表达；要注意"Once ..., you can ... until ...."中 once 和 until 作为连词的常用用法；要注意 access the contents of your cart、Quantity box、review the items、Proceed to Checkout、enter a delivery address、enter your payment information 的表达。

（四）写作范例

下面信件来源于《实用外贸英语》（p.67），横线为笔者标出。

> Dear Mr. ...,
> Thank you for your order No.223 and we are very pleased to start the first cooperation with you. We will do our best to <u>execute your order</u> and <u>assure the quality</u>, shipping date, and other terms you asked for will <u>receive the best attention</u>.
> Besides, we will fax you later this afternoon the <u>sales confirmation</u> No. 89990. Please kindly fax back with your <u>duly</u> signature.
> Thank you for your kind attention to <u>all the above</u> and <u>look forward to your L/C</u> soon.
> Your faithfully,

教师应引导学生关注信件内容以及语言风格。内容方面，信件开头表示了对于合作的愉悦以及对于产品质量和后续服务给予了承诺，如 assure 以及 receive the best attention。第一段也可以作为电商平台上卖方在买方下单后的留言。第二段重点谈论了销售合同的签订。最后一段表示感谢与期待，表示期待的文字要具体，如此文中的 look forward to your L/C。

语言点方面，教师在引导学生关注 duly 的表达；关注 execute your order 以及 sales confirmation 的表达；使用"all the above"指代上面进行连贯，使得语言风格简洁。

（五）非谓语作定语复习

1. 前置定语

当非谓语只有一个词时一般作为前置定语修饰中心词，有"ing"和"ed"两种形式。当非谓语与中心词是主动关系时使用现在分词。当非谓语与中心词是被动关系且强调动作的完成时使用过去分词；非谓语使得动词可以灵活修饰各种中心词，与其他的修饰词相比较，更加强调动作。

（1）现在分词作前置定语。例如，running machine 和 running nose。running machine 中，因为只有 run 一个词对 machine 进行修饰，所以使用前置定语；因为 run 与 machine 是主动关系，所以使用现在分词；这种表示方法更加强调动作，意为正在运转的机器。而将 running nose 和 running machine 相比较，running nose 更加形象，使用 running 能更加强化读者对 running nose 意义的理解，即"流鼻涕"。

（2）过去分词作前置定语。例如，the cut hair，此处因为只有 cut 一个词对 hair 进行修饰，所以使用前置定语；又因为 cut 与 hair 是被动关系，所以使用过去分词；这种表示方法更加强调动作，意为"被剪完的头发"，这里既强调"剪"的动作，又强调动作的完成。

从以上实例可以看出，现在分词作前置定语可以使对中心词的修饰更加灵活，而修饰语言主要是用于具体描述，因此熟练掌握这一用法能够使自己的语言表达能力更强以及表达更加准确。

2. 后置定语

当非谓语多于一个词时一般作为后置定语修饰中心词，同样有"ing"和"ed"两种形式。当非谓语与中心词是主动关系时使用现在分词；当非谓语与中心词是被动关系时使用过去分词。可以用动词引导的表达作后置定语灵活修饰各种中心词，功能与定语从句类似，但是与定语从句相比，非谓语作后置定语更加强调定语与中心词的粘连性与直接修饰性，并且也更加简洁。

（1）现在分词非谓语作后置定语。

He is crazy about the book illustrating the specific strategies regarding setting up one's own business.

相应定语从句表达：He is crazy about the book which illustrates the specific strategies regarding setting up one's own business.

在此表达中，illustrating the specific strategies regarding setting up one's own business 修饰中心词 the book，与定语从句修饰相比，更加具有修饰的直接性与连续性。

（2）过去分词非谓语作后置定语。

He is crazy about the book lent from the school library.

相应定语从句表达：He is crazy about the book which is lent from the school library.

在此表达中，lent from the school library 修饰中心词 the book，与定语从句修饰相比，更加具有修饰的直接性与连续性。

学生练习编写本学时相关句式，与同伴及教师进行讨论。

二、任务监控

（一）任务完成

任务1：假设你是一家公司负责人，客户公司写信进行询问，请你回信，说明自己公司产品的优势（具体产品可以自行想象），并说明订购数量大可以给予相关折扣并保证及时发货，最后说明随信附寄报价单以及图片目录，劝说对方及时下订单。

对于此次任务，同学们基本可以在介绍产品的基础上劝说对方下单，并且可以使用非谓语作定语。存在的问题：第一，信件格式不正确，教师要强调信件的正确书写格式；第二，缺少必要的连贯，在连贯方面，不仅要注意意义的连贯，还需要注意必要连接词的使用。

任务2：请写一份下单信件，仿照下单信件格式具体描述你所订购产品。具体产品可以自行想象。

对于此次任务，同学们基本可以完成下单信件的写作，在信件中提供下单产品的主要信息，但主要有以下问题：第一，把信件写成一大段，不能分点具体说明作为下单方的具体要求这样会使订单不够清晰、简洁，教师应强调不仅要分点，还要以短语表示每一点，每一点后面的具体说明也要尽量使用短语表示；第二，对于每一点的说明表述不够具体这样会造成交流时间增加以及甚至发货错误，因此在下单前，一定要对本方的每一点要求进行准确而具体的说明。这一项任务是非常重要的，因为很多公司既是一些产品的提供者，又是另外一些产品的采购方，所以如何准确而高效地下订单对于公司来说也是非常重要的。

任务3：假设你在某网站上经营一家商铺，主营宠物食品。一位美国客户访问你的网店，这是他第一次进行网上购物，请你指导他进行操作，如将商品放入购物车、修改购物车里高品、填写地址、绑定银行卡进行支付等，以及告诉他货物如果不满意如何申请退货，最后根据客户的需求向客户推荐店里商的产品。

对于此次任务，同学们基本能够掌握指导客户时相关的表达。同时教师应引导学生基于不同文化的关注点对自己的产品进行不同的强调。

（二）自我效能评估

教师指导学生进行自我效能评估。词汇上，是否能掌握相关的词汇表达；语法上，是否能使用非谓语作定语进行自如表达；口语及写作表达上，是否能礼貌以及准确、简洁地基于订单相关问题进行讨论。

第七节 培养合同事项处理能力行动实施及监控

行动目标：
- 掌握合同主要内容以及相关表达。
- 基于合同问题准确、礼貌、简洁地进行口语与书面交流。
- 巩固独立主格结构。

行动实施：
- 相关表达。
- 写作范例。
- 对话范例。
- 独立主格结构复习。

行动监控：
- 自我效能评估。

教学学时：2学时。

第四章 创业导向下培养外贸跨境电商农业人才行动方案实施及监控

一、行动实施

（一）相关表达

下列词和词组来自《实用外贸英语》（pp. 68-71），句子来自《实用外贸英语》（p.80）。

Conditions, Liabilities for Breach of Contract, Solutions to The Disputes, Duration, Termination, Force Majeure, Assignment, Arbitration, Governing Law, Jurisdiction, Effectiveness of The Contract Annexes, Signature and Seal。

The stipulations in relative credit should strictly conform to the terms stated in our Sales Confirmation in order to avoid the trouble of subsequent amendments.

教师基于上述表达示例简单介绍合同的主要内容。

（二）写作范例

下面信件选自《实用外贸英语》（pp. 80-81, 289），横线为笔者标出。

×××先生：

567号售货确认书已收到，随附一份我方已会签的合同，请查收。这是我们第一次合作。相信在我们双方的共同努力下，本次交易一定会进展顺利。

相关的以你方为受益人的信用证已通过中国银行开立，很快会到达你方。

如果这批货物质量好、受欢迎，我方还会继续订购。

…谨上

Dear Mr. …,

<u>We have received</u> the Sales Confirmation No. 567. <u>Enclosed please find the duplicate with our countersignature.</u> This is our first cooperation. I believe with our joint efforts of both sides, <u>the</u>

transaction will go smoothly.

The relative L/C has been established with Bank of China in your favor. It will reach you soon.

If the consignment is of good quality, and popular on our market, we will continue to order.

...Yours faithfully

教师要引导学生关注这是一封通知对方确认书已收到以及信用证已开立的信件。全文段落分明，第一段强调确认书，第二段关注信用证，使用分段使信件重点突出，最后一段依据惯例说明对于对方的期待以及对两方的合作的展望。应注意第一句使用的现在完成时态，是强调到目前为止的状态。应注意商业信件中的惯用表达，如"Enclosed please find the duplicate with our countersignature."。教师还要引导学生关注第二段第一句的被动语态，强调客体 the relative L/C。注意常用搭配 the transaction will go smoothly、in your favor、is of good quality 中 "be of + 名词" 的表达。

（三）对话范例

下面对话选自《实用外贸英语》（pp.77-78），横线为笔者标出。

Are we anywhere near a contract yet?

Miss Zhao. from Xi'an Machinery Import & Export Corporation, has secured an order from an American importer for her corporation's garden tools. She is now negotiating the terms of the contract with Mr. Jackson from an importing firm.

Zhao: Well, Mr. Jackson. It seems to me that we've come quite a long way, but there are still a few points left over to clear up.

Jackson: Yes, let's go over the terms and conditions of the contract. If you have any comments about them, do not hesitate to say so.

Zhao: Good, now the price:1000 sets of garden tools, quality and design as shown in our catalogue at USD6.50 each set CIF NEW YORK. So the business is closed at this price.

第四章　创业导向下培养外贸跨境电商农业人才行动方案实施及监控

Jackson:Yes, that's right. As to packing, we hope you can pack the goods in wooden cases.

Zhao:Oh, Mr. Jackson. As I told you before, cartons are as seaworthy as wooden cases and even have more advantages over the latter, for instance, they are easier to handle and cheaper in cost. We have never received any complaint about it from our clients. You can take it from me that they are strong enough to stand rough handling.

Jackson:All right, cartons then. Well, the shipment I understand is to be made before December, isn't it? We can't accept any delay.

Zhao:Yes. Rest assured that shipment will be effected according to the contract stipulations. But if my memory serves me right, "Transshipment via Hong Kong allowed" is what we agreed upon, isn't it?

Jackson:Ah, yes, I remember. Now, how about the terms of payment?

Zhao:Payment is to be made by irrevocable L/C as I suggested?

Jackson:I sincerely hope you are able to make a last minute change on this aspect.

Zhao:Sorry, that's impossible. As I said, 60 days is the result of great concession made on our part, and I think we'd better keep what has been agreed upon.

Jackson; Well, 1 guess there is no way out. I'll see about the opening of the L/C as soon as I get home.

Zhao:Thanks. The next point is insurance. I'm sure you are quite familiar with our usual terms. If you have no objection, let's take it as agreed.

Jackson:No objection at all. I remember it is to be covered by the seller for 110% of the invoice value against All Risks and War Risk.

Zhao:Right, Mr. Jackson. Anything else you would like to discuss?

Jackson:Okay, there is the last thing to make clear. How do we resolve the case when both parties hold different opinions on the standard of the goods?

· 95 ·

Zhao:Oh, suppose we have a dispute, we can resolve the case by submitting the dispute to arbitration by the Chinese International Trade Arbitration Commission.

Jackson:All right. I'm glad our discussion has come to a successful conclusion. Are we anywhere near a contract yet? I hope we can sign it very soon.

Zhao:I'll contact you as soon as the formal contract is ready.

Jackson:Thank you.

教师要启发学生关注对话内容、语言风格以及相关特定口语表达等。

第一，内容上，本对话主要围绕商讨并且再一次确认合同中的条款等展开，主要集中于价钱、包装、货运、付款方式、保险以及争议解决等合同所涉及的方面。

第二，语言风格上，较为委婉，着重商讨，如"It sems to me that...."就是一个比较委婉的表达。应注意修辞的使用，如 come quite a long way 使用隐喻强调了双方曾经做出的努力；stand rough handling 同样使用隐喻表示出包装的坚固；"I sincerely hope you are able to make a last minute change on this aspect."表现出对于对方的殷切期望。

第三，注意对话中特定的口语表达。例如，在口语中常常使用"Well"来进行上下文的连贯，"Rest assured that...."中使用祈使句能够突出口语化特点并给予对方信心，"if my memory serves me right"表现了婉转的语气。应关注"let's go over the terms and conditions of the contract""Do not hesitate to say so""You can take it from me that...." "If you have no objection, let's take it as agreed." "No objection at all." "Are we anywhere near a contract yet?"中的口语化表达。

第四，关注对本方立场的坚持。例如，"As I told you before, cartons are as seaworthy as wooden cases and even have more advantages over the latter, for instance,they are easier to handle and cheaper in cost. We have never received any complaint about it from our clients."这句就表明了坚持自己的立场并使用了确凿的证据证明自己的立场。要注意当对方提出自己不能满足的要求时，如何进行拒绝的表达，如"Sorry, that's impossible."。

第五，语言点方面，关注 secured an order、closed at this price、the contract stipulations、make concession on one's part、see about、resolve the case、come to a successful conclusion 的搭配表达，against All Risks and War Risk 中 against 的使用，"…as I suggested" 中 as 作为连词的使用。要注意 "there are still a few points left over to clear up" 中 left 以及 quality and design as shown 中的 as shown 作为后置定语修饰中心词的表达。要注意 "…is what we agreed upon" 中 what 引导的表语从句。要注意 "suppose we have a dispute, we can…." 中 suppose 引导的条件状语从句。要注意被动语态的使用，如 "shipment will be effected…."。要注意 "As to" 所起到的连贯的作用。要注意 "the shipment I understand is to be made before December, isn't it" 中使用 to 强调将来时态、使用反义疑问句表示强调，也突出了口语化特点。

（四）独立主格结构复习

独立主格结构的基本形式为 "主句 +(with)+ 从句（主语 +V.ing/ed）"，从句中动词与从句中主语的关系如果为主动则使用现在分词，如果从句中动词和从句中主语的关系为被动则使用过去分词。独立主格结构主要表达主句与从句之间的伴随等关系，和并列句等其他结构相比，主句与从句之间的关系更加连贯，更好地表达了伴随的关系，也更加简洁。教师在教学过程中强调不要为了使用独立主格结构而使用独立主格结构；但也要明确在需要使用的情况下要学会灵活使用，并且讲解在必要使用此结构的语境中，使用与不使用会产生的不同效果，从而使学生印象深刻并可以在必要的语境中积极主动地使用独立主格结构。

1. 现在分词独立主格结构

He works extremely hard, his mind looking forward to saving enough money to set up his own business as soon as possible.

比较近似意义并列句：He works extremely hard and his mind looks forward to saving enough money to set up his own business as soon as possible.

在现在分词独立主格结构中，"He works extremely hard" 是主句，"his mind looking forward to saving enough money to set up his own business as soon as possible"

是从句，表示对主句的伴随，表明"他"一边努力工作，一边渴盼着攒够足够创业的钱，两者几乎是同时发生的。与近似意义并列句的表达相比较，独立主格结构更加连贯，并且更加强调"他在努力工作的同时渴盼着攒够足够创业的钱"，隐含了伴随性及原因，主从句意义更加紧密。由于 look forward to 与 his mind 是主动关系，所以 look forward to 使用了相应的现在分词形式。

当然，在独立主格结构中，being 的形式也经常被使用。例如：

He shouted, the gun being in his hand.
The sun rises, he being aboard the ship to the south.

从这两句中，我们可以看出，being 后面可以加形容词、副词和介词等，而且有的时候，being 是可以省略掉的。

2.过去分词独立主格结构

Books hold in his hand, he is walking to the library.
比较近似意义并列句：Books are hold in his hand and he is walking to the library.

在过去分词独立主格结构中，"he is walking to the library"是主句，"books hold in his arm"是从句，表示对主句的伴随，表明"走向图书馆"和"手里拿着书"是同一时空发生的。与近似意义并列句的表达相比较，独立主格结构更加强调"他在走向图书馆的同时手里拿着书"，隐含了动作发生的同时性，主从句意义更加连贯和紧密。由于 books 与 hold 是被动关系，所以 hold 使用了相应的过去分词形式。

由从句构成的复杂句以及由非谓语构成的伴随结构、前置定语或后置定语、独立主格结构是英语复杂句表达的基础，复杂句分布于各种英语语料中，能快速地辨识由从句或非谓语构成的复杂句以及自如地使用从句或非谓语进行交流是熟练掌握英语的重要标志。根据语境恰当使用这两种表达不但可以更加准确地表达想法，而且可以使语言更加简洁与连贯。教师强调灵活使用各种从句及非谓语结构的重要性，但也要根据情况合理使用。例如：

He felt so excited and went to the meeting.

如果强调先后关系，就要使用例句这种用 and 连接的并列句；但是如果强调感觉兴奋的同时去开会，那就使用非谓语更好一些，就要将例句改写为 "Feeling so excited, he went to the meeting."。

因此，在各种表达中，一定不要为了使用复杂句而使用复杂句，无论是使用简单句还是使用复杂句，都一定要根据语境来决定。

学生练习编写本学时相关句式，与同伴及教师进行讨论。

二、行动监控

（一）自我效能评估

经过学习，同学们基本掌握了合同相关知识。教师指导学生进行自我评估：词汇上，是否掌握了大部分相关词汇表达；语法上，是否能使用独立主格结构自如进行表达；口语及写作表达上，是否能礼貌以及准确地基于合同相关问题进行商讨。

第八节　培养付款事项处理能力行动实施及监控

行动目标：
- 学习相关表达。
- 口语以及书面上可以礼貌及准确地表达支付等事宜。
- 巩固虚拟语气基本结构和各种相关句型。

行动实施：
- 听力策略。
- 相关表达。
- 对话范例。
- 翻译练习。
- 写作范例。
- 虚拟语气基本结构及各种句型复习。

行动监控：
- 任务完成。
- 自我效能评估。

教学学时：4 学时。

一、行动实施

（一）听力策略

听力策略：本次听力练习主要训练学生听出主要细节的能力。在学生辨别主要细节的过程中，教师要引导其关注上下文语境，如 whereas、in contrast 等语篇标志词。上下文语境及语篇标志词能够有效帮助学生理解相关细节。

（二）相关表达

表达1：此部分选自《跨境电商交际英语》（pp.100,104,105,111）。

an electronic version, trial sale, delivery address, modify the price, a paper receipt, check the listing, verify, refresh, invoice, bid, payment platform, online account, cash on delivery, debit card, gift card, one-time payment, access the account, monthly billing statement, payment due date, payment options, confirm the acceptance, refund method, fulfil the refund, process the request, shortfall of the order, card statement, the processing time, partial refund.

表达2：此部分选自《实用外贸英语》（pp.83-95）。

Bill of Exchange, Modes of Payment, Remittance, Collection, Letter of credit.

（三）对话范例

其中横线为笔者所标。

对话1：选自《跨境电商交际英语》（pp.106-107）。

第四章 创业导向下培养外贸跨境电商农业人才行动方案实施及监控

(*A buyer is talking about payment with the seller.*)

Buyer: Hi, there?

Seller: Yes. What can I do for you?

Buyer: It's my first time shopping on Amazon. I want to place some orders with your store. Can you tell me some information about payment methods?

Seller: Sure, there are many payment options. For example, you can pay by credit card, debit card or gift card. You can also pay cash on delivery.

Buyer: Thank you very much for your help! I think the computers at your store are very attractive, but the prices are a bit high. I'm afraid I can't afford a one-time payment on this.

Seller: Don't worry. I suggest you choose a recurring payment plan.

Buyer: Good! Can you tell me how to do that?

Seller: OK. Please click on the following link and go to this website, where the instructions will tell you how to establish a recurring payment plan step by step.

Buyer: Thanks. It's done. I've received a confirmation that a recurring payment plan has been set up.

Seller: That's great.

Buyer: This brings me to my last question. How will I know my payment due dates?

Seller: The payment due dates for your account can be found on your monthly billing statement, or by accessing your on line account.

Buyer: You've been very kind. Thanks for all the help!

Seller: You're very welcome. Enjoy your shopping!

在本对话中，教师应主要引导学生关注对话内容以及典型口语表达等。在内容方面，要注意 credit card、debit card、gift card、pay cash on delivery、a one-time payment 的表达。在典型口语表达上，注意"It's done."以及"Enjoy your shopping!"的表达。

语言点方面，应注意 recurring payment 的表达，recurr 由表示"重复"的前缀"re"与表示"发生"的"cur"构成，同时以现在分词形式进行前置修饰；应注意 payment options 中 option 的常用用法；应注意 step by step 作为隐喻的形象化常用表达；应注意 payment due date、monthly billing statement、accessing your on line account 的表达，access 在此作为动词使用，但它的名词意义也需要多加关注，教师应强调单词基于核心意义的不同词性；应注意"where the instructions will..."中 where 引导的修饰地点的定语从句；应注意"I've received a confirmation that a recurring payment plan has been set up."中 that 引导的同位语从句对 confirmation 进行了进一步的解释。

对话2：选自《跨境电商交际英语》（pp.112-113）。

(There is something wrong with the delivery, and the buyer wants a refund.)

Buyer:Are you there?

Seller:Yes. What can I do for you?

Buyer:Yes, there's a problem. I ordered 6 belts in your store, but only received 2 so far.

Seller:Really? Could you tell me your order number?

Buyer:The order number is 3241823916.

...

Seller:Oh, I'm sorry about the shortfall. It's our mistake. I promise I'll send the rest to you with your next order.

Buyer:I won't be placing another order soon. I'd rather get a partial refund. I've clicked the "Refund" button to request a partial refund.

Seller:OK, no problem. Because you've already confirmed the acceptance of the order, the refund can't be fulfilled by AliExpress. How about refunding you $20 via PayPal? Please send me your account name.

Buyer:OK, my PayPal is info@east kitting.com.

Seller:Thanks. Your refund request has been processed. It usually takes 5 to 7 days for it to show up on your payment card statement.

第四章 创业导向下培养外贸跨境电商农业人才行动方案实施及监控

Please let me know once the refund is in your account.

Buyer:OK, I'll inform you as soon as I get the refund.

Seller:If your refund doesn't appear in your account, and <u>the processing time</u> for your payment method has passed, please contact us for <u>further assistance</u>.

Buyer:Thanks.

本对话中，教师要引导学生关注对话内容、语言风格及语言表达等。在对话内容方面，学生要掌握退款处理方面的相关表达，如 a partial refund、fulfill the refund、refund you、payment card statement。在语言风格方面，学生要注意退款处理相关的口语表达，如"I'd rather...."。

语言点方面，教师要强调学生注意 so far、shortfall 的简洁表达，注意 confirm the acceptance 的表达，注意介词 via 的常用表达，注意电商平台常用的"click the...button" "process the request"、processing time 以及 further assistance 的表达，其中，主要应引导学生注意 processing 现在分词前置作定语修饰中心词（由于 process 与 time 为主动关系，所以使用现在分词作定语）的用法。

（四）翻译练习

此部分选自《跨境电商交际英语》（pp.103,108），横线为笔者所标。为了教学所需，将汉语句子放在了英语句子前面。

- 等您付款后我马上给您安排发货。

We'll arrange the <u>shipment</u> once you make the payment.

本句中，由于外贸发货经常是船运，常用 shipment 表示发货。

- 我收到了一份确认函，上面说定期付款计划已经确立了。

I've received a <u>confirmation that a recurring payment plan</u> has been set up.

本句中，应注意 that 所引导的同位语从句是对 confirmation 的进一步解释，以及 a recurring payment plan 的表达。

(五) 写作范例

信件 1：本篇写作范例选自《跨境电商交际英语》(pp.117-118)。

Dear XXX,

Thank you for the inquiry letter of May 4th about how to pay for the FS-001 high-heel leather shoes. Please <u>be assured</u> that all <u>transactions</u> made on AliExpress require using Escrow service, <u>ensuring that all transactions are secure and safe for both parties</u>.

AliExpress supports credit card payments, bank transfers, money orders, bank debit cards, etc. To pay for your order on AliExpress, follow the steps in the exact order shown below:

1) Select the order and click the "Pay Now" button.
2) Choose <u>your preferred payment method on the checkout page</u>.
3) Follow the instructions and enter <u>the appropriate information</u>.
4) Click the "Buy Now" button once you've finished payment.

<u>Please feel free to contact us</u> again if you're still unclear about payment methods.

Best regards,

Mary

在实际课程中，教师要引导学生仔细阅读上述范例并从中总结如何写作付款方式方面的商务信件。范例信件第一段是对对方的咨询表示礼貌感谢，然后确认交易的安全性，向对方确保支付由第三方保管从而消除对方对交易安全性的担忧；第二段主要介绍付款的主要方式以及主要步骤；最后是商务信件的结尾常用礼貌用语。

因此，从范例中，我们可以看出，商务写作必须逻辑清晰，而且要尽力站在对方的立场考虑，对对方的咨询以及可能关注的问题进行详细解答，遣词造句要尽力做到礼貌及简洁。

信件 2：本篇写作范例选自于《跨境电商交际英语》(p.118)。

Dear Madam,

Thanks for your understanding and patience. I'm sorry you

don't like the design of the baby sleepwear RK-004. If you want to take RK.006 instead, I'm afraid you'll need to pay $5 <u>extra</u>. If you think this is all right, you can click on this link to make the additional payment. We'll deliver the goods right after we receive payment.

Best regards,
Mary

教师同样要要求学生仔细阅读此段范例,并总结此范例所体现的主要商务交际目的以及主要写作方法。此范例信件中,商务交际的目的是进行换货答复,前两句,写作者先进行感谢以及道歉;第三句和第四句主要对换货要求以及付款方式进行详细说明;最后一句是对对方的发货保证。教师要引导学生注意此范例的写作特点:逻辑清晰、简洁、礼貌,并且站在对方立场考虑,回答了对方可能所关注的相关问题。

信件3:本篇写作范例选自《实用外贸英语》(pp.105-106,291)。

Dear Mr. ...,

<u>With reference to</u> our fax <u>dated</u> the March 15, <u>requesting you to establish the letter of credit covering the mentioned order, we have not received</u> the covering L/C up to the present.

As the goods have been ready for shipment, <u>it urges you</u> to take immediate action. <u>Please do your utmost to expedite its establishment.</u>

<u>We look forward to receiving your favorable response at an early date.</u>

Yours faithfully,

×××先生:

关于我方在3月15日的传真中要求贵方开立所述订单的相关信用证,很遗憾直到目前我方仍未收到相关信用证。

由于货物已经备妥待运,所以贵方应立即采取措施。请尽快开立有关信用证。

期盼早日收到贵方回复。

... 谨上

教师应启发学生关注本封信件的内容、风格以及各语言点。

内容上，这是一封催促对方开立信用证的信件，学生应该掌握此类信件的基本写法：首先开门见山催促对方尽快开立信用证，其次列出充分的理由，最后表示我方的期待。

风格上，用词应正式，例如 with reference to...；提出我方要求时措辞应强硬，如 "...requesting you..., we have not received...."，使用现在完成时态，强调"直到目前"，"It urges you...."使用 urge 强调对于对方的敦促；也应使用委婉的语气对对方提出期待，如 "Please do your utmost to expediate its establishment." "We look forward to your favorable response at an early date."，favorable 在此处表示对于双方都是有利的。

语言点上，右关注分词作后置定语非谓语对中心词进行修饰，如 "With reference to our fax dated the March 15, requesting you to..."，此句中，两个分词即过去分词 dated 与现在分词 requesting 对中心词 our fax 进行修饰，语言简洁且连贯。

（六）虚拟语气基本结构和各种句型复习

1. 基本结构

虚拟语气强调的是一种虚拟想象，对现在的虚拟表示"如果过去发生某件事，那么现在就会出现虚拟的结果"，如 "if I were a scientist" 就表示 "如果我过去（做了不一样的选择或者其他一些事情）成了一个科学家"，所以用过去时态；而对过去的虚拟则表示"如果过去的过去做了某个选择就会导致过去的虚拟状态，如 "If I had gone there" 表示 "如果我过去的过去（做了不一样的选择导致）我去了那里"。而对将来的虚拟则表示"在将来的过去（做了一个不一样的选择就会导致）出现一个虚拟的事实"。

因此，总体来说，使用虚拟语气时，时态上要倒回去一个时态，即从句中需要用一般现在时的时候要用一般过去时代替，需要用一般过去时的时候要用过去完成时代替，需要使用一般将来时的时候要用过去将来时 were to 或者情态动词。由于从句表示的是一种虚拟的想象，那么主句表示的就是在这种虚拟想象的条件下将要发生的虚拟事实，因此对于对现在或将来的虚拟，主句要使用过去将来时即"would+ 动词原形";对于对过去的虚拟,主句则要使用过去将来完成时态即"would have+ 动词的过去分词形式",表示"如果发生与过去事实相反的虚拟想象/如果在过去的过去做了另外一种选择,那么主句中虚拟的状况将会是一种已经完成的状态"。

在遇到其他非基本结构虚拟句型时,教师是引导学生分清此虚拟句型是表示一种假设还是表示假设之后的一种虚拟结果,如果表示的是一种假设(虚拟条件),则使用相应的虚拟条件句的形式;如果表示的是一种虚拟结果,则使用相应的虚拟结果句的形式。

2. 各种句型

(1) "wish" 句型。

I wish I were a celebrated scientist making great contributions to the society.

此句意义是"我希望我是一位为社会做出巨大贡献的著名科学家",表示"如果我(现在)是一名著名的科学家,那该多好",所以此句是对现在条件的虚拟,而虚拟的结果则隐含在 wish 中,即"那该多好",因此 wish 后面的虚拟动词形式要使用虚拟条件句中的相应动词形式。

wish 句型还可以表示对过去的虚拟,例如:

I wish I had resigned five years ago.

此句意义是"我希望我五年前就辞职了",表示"如果我五年前就辞职了,那该多好",所以也是一种对条件的虚拟,要使用虚拟条件句中相应的动词形式。

(2) "it is time" 句型。

It is time that we implemented the positive measures.

此句意义是"是时候采取积极的措施了",表示"如果我们现在采取积极的措施,那么效果将会是非常好的"。"It is time"隐含着一种愿望,表示对现在条件的虚拟,因此从句中的动词使用相应的用于对现在状态虚拟的动词,即过去时态。

（3）"if only" 句型。

If only I were you!

此句意义为"要是我是你就好了！"句中"if only"和 if 的用法是一样的，只是加入了 only 表示强调，表示对现在事实的虚拟。教师要引导学生注意 if only 与 only if 的区别：only if 引导的是普通的条件句，only 只是表示强调，意为"只有当…的时候"，如"Only if he agrees, I can go there."。

（4）表建议的虚拟句型

It is advisable that the parents (should) cultivate the students' awareness of protecting the environment.

此句意义为"父母应该培养学生保护环境的意识"，表示"如果能培养学生的环保意识，那将会特别受到推崇"。句中"that the parents (should) cultivate the students' awareness of protecting the environment"是一个主语从句，由于句子语境为进行建议，隐含着对于将来条件的虚拟，所以需要使用表示对将来虚拟的相应动词形式即"should+ 动词原形"。

虚拟语气也可以用于表示建议的各种从句中，如下所示。

宾语从句：I propose that the company should fulfill its responsibility well.

此句意义为"我建议公司应该很好地履行自己的责任"，其隐含的意义为"假如将来这家公司能很好地履行它的职责，那将会非常好"，即"If the company should fulfill its responsibility well, that would be very good."。从以上两个句子中，我们可以看出，前者通过使用 propose 省略了虚拟条件句，使语言比后者更简洁，既保留了虚拟语气，又强调了"我"的建议。

表语从句：My proposal is that the company should fulfill its responsibility well.

此句意义不变，但句式有所变化。通过对比，我们可以看到表语从句与宾语从句类似，都省略了表示将来的虚拟条件句，强调了"我"的建议的同时实现了语言的简洁表达。

同位语从句：They approve of my proposal that the company should fulfill its responsibility well.

此句意义为"他们同意我提出的公司应好好履行其职责的建议"，我们同样可以看到其所隐含的意义为"假如将来这家公司能很好地履行它的职责，那将会非常好"，即"If the company should fulfill its responsibility well, that would be very good."。但是，这句话通过省略表示对将来进行虚拟的主句，突出显示了主谓成分，即"They approve of my proposal"（他们同意了我的建议）；同时通过同位语对宾语 proposal 进一步解释，强化了读者对 proposal 的认知。此例句通过省略使语言更为简洁，同样通过"我"的愿望传递了虚拟语气，同时强调了"我"的建议。

it 作形式主语，从句虚拟：It is proposed that the company should fulfill its responsibility well.

分析此句，我们同样可以看出其所隐含的意义为"假如将来这家公司能很好地履行它的职责，那将会非常好"，即"If the company should fulfill its responsibility well, that would be very good."。由于建议者不太明确或者大家都知道或者不便说出真正的建议者，就通过使用 it 作形式主语，以及整个句子的被动语态，对真正的建议者进行了规避；但是 propose 强调出了建议者的愿望，同时通过形式主语 it 引导读者对所述的愿望或建议事实进行特别关注；从虚拟从句中，我们可以看到省略能够使语言更简洁，同时强调了建议。

另外"it is adj. that...(should) + V."句型中，形容词为隐含建议或者委婉建议方面的各种词汇。例如，imperative 表示一种强烈的建议甚至上升到一种命令，essential 则表示一种中等程度的建议，而 advisable 则表示一种委婉即程度相对弱的建议。

It is desirable that we should try to stand in others' shoes.

此句中，我们可以看到主语从句隐含的意义为"如果我们尽量站在别人的立场，那将会是非常好的"，那么这句话补充完整即为"If we should try to stand in others' shoes, it would be very good.", 表示对将来的虚拟, 从句使用 should, 主句使用 "would + v."。很显然, 原句中对将来虚拟的主句被省略掉了。

比较: we should try to stand in others' shoes.
或者: if we should try to stand in others' shoes, it would be very good.

我们可以看到, 原句和第一句相比较, 加了 "It is desirable" 使得整句话语气更加婉转, 也表示后面主语从句中表达的事实是令人期待及赞赏的。从认知上, 通过一种期待来传递一种建议使得委婉的表达更容易让人接受。

原句和第二个句子相比较, 原句的表达更加简洁, 并且首先突出强调了 desirable, 即一种期待而不是命令; 其次, 通过形式主语传导了一种悬疑感, 引导读者或听者去关注后面的主语从句, 实际上也是通过 it 形式主语实现对主语从句的事实强调。

（5） as if 表达的虚拟。

He ran as if he had seen a ghost.

此句隐含的意义为 "假如他看到一个鬼魂, 他就会像我们看到的那样跑掉"。as if 实际引导的是一个虚拟条件句, 因为主句使用的是动词 run 的一般过去时 ran, 所以根据上下文, as if 从句中使用表示对过去虚拟的虚拟条件句, 因此使用相应的动词过去完成时态 had seen a ghost。

（6） "would rather" 表达的虚拟。

I would rather you went to the south.

此句中隐含的意义是 "如果你去南方, 那将会是合我心意的", 因此 "you went to the south" 实际是一个虚拟条件句, 隐含着对现在的虚拟 "if you went to the south", 因此使用对现在的虚拟动词形式即一般过去时 went to the south, 而虚拟主句 "那将会是合我心意的" 实际隐含在主句的主语和谓语 "I would rather" 中, 因此虚拟主句在这里是省略的, 但无论省略与否, 虚拟条件句 "you went to the south" 都要使用相应的虚拟条件句的相应动词形式。

学生练习编写本学时相关句式, 与同伴及教师进行讨论。

二、任务监控

（一）任务完成

任务1：请编两个对话，对话双方一方为代表甲公司的电商卖家，另外一方为代表乙公司的电商买家；第一个对话为买家要求卖家修改价格并商讨进行分期支付，第二个对话为买家要求卖家退款。相关产品可自由想象，请简洁、准确、礼貌地完成角色扮演任务。

在任务完成前，教师引导学生设想客户的国家并查阅相关国家的风俗习惯，商讨时注意客户文化的关注点以及禁忌等。

此任务为一人分饰两角的对话任务，主要是考察特定意义的表达。对于此任务，同学们基本可以进行付款的各种协商，并可以适当使用虚拟语气。问题主要为缺少必要的礼貌用语。例如，在回答用户问题时，一般要先感谢对方进行购物。

任务2：请编一个关于业务往来的对话，对话需要涉及付款方式。

此任务为一人分饰两角的对话任务，目的在于帮助学生掌握两种角色的自如转换。通过此任务可以发现同学们基本获得了进行付款方式讨论的相关能力。在本次对话中，一些同学的礼貌表达还是较为充分的。

（二）自我效能评估

教师引导学生对自己进行学习成果检测：在词汇表达方面，是否可以熟练使用付款以及退款方面的相关术语及词汇；在语法方面，是否可以自如使用虚拟语气的基本结构以及各种句型；在听力方面，是否能准确获得主要细节；在口语及写作方面，是否能礼貌及简洁、准确地进行相关商务交流；在跨文化交际方面，是否能通过各方面渠道了解当地风俗、商务交流习惯以及关注商务重点并在此基础上尽力达成订单。

第九节　培养货运事项处理能力行动实施及监控

行动目标：
- 掌握货物运送的相关表达。
- 口语以及书面上简洁、礼貌、准确地交流外贸货运的相关信息。
- 巩固倒装的虚拟以及否定。

行动实施：
- 相关表达。
- 翻译练习。
- 写作范例。
- 对话范例。
- 虚拟的倒装与否定复习。

行动监控：
- 任务完成。
- 自我效能评估。

教学学时：5学时。

一、行动实施

（一）相关表达

教师引导学生进行头脑风暴，引导强调货运的重要性以及货运方面相关的要点。教师使用基于货运语境的词汇联想法引导学生关注相关表达。

下列表达选自《跨境电商交际英语》（pp.130, 137）。

　　leave a notification, courier service, carrier's facility, depart from, tracking details, in transit.

下列表达选自《实用外贸英语》（pp.116-127）。

- Shipping Documents
- Bill of Lading
- Airway Bill
- Commercial Invoice
- Pro forma Invoice
- Packing List
- Weight Memo

(二) 翻译练习

其中横线为笔者所标。

翻译1：此部分选自《跨境电商交际英语》（pp.133,140）。但为了本次教学所需，将汉语句子放在了英语句子前面。

- 通知收件人，假日期间取消送货上门服务。

The <u>recipient</u> is informed that <u>the door-to-door delivery</u> is cancelled during the holiday.

本句中，教师引导学生注意 recipient 的与 receive 相联系的构词法和 the door-to-door delivery 的形象表达，以及关注强调客体的被动表达。

- 如果我用 DHL 寄出你的订单，有时可能会被海关扣留。

If I send your order by DHL, sometimes it may <u>be detained</u> at the Customs.

本句中，教师引导学生注意 be detained 中 detain 作为"扣留"的表达，同时注意被动语态的表达。

- 由于法国西北部大雨，大量道路堵塞不通，你的货物会被耽搁几天。

Because <u>a heavy storm</u> has <u>hit</u> northwestern France, <u>numerous roads were blocked</u> and your shipment will be delayed a few days.

本句中，教师引导学生注意 a heavy storm has hit northwestern France 的表达，并强调 hit 作为动词更能体现出暴雨之大；以及"numerous roads were blocked"的表达；同时注意整句中被动语态的使用。

- 快件已出库，正在发往快递公司途中。

The package left the seller's facility and is in transit to the carrier.

本句中，教师引导学生注意 left the seller's facility 的表达，以及 be in transit to the carrier 中 transit 所体现的构词法，如 transplant、transmit、transform 等的表达。

- 快件已成功投递。快件已签收，收件人是本人。

Your package was delivered and the delivery was signed by the buyer.

本句中，教师引导学生注意 was delivered 以及 "the delivery was signed by the buyer" 的表达。

- 我们郑重建议您记录好跟踪单号，以便于查询您的货物。

We strongly advise you to make a record of your tracking number so you can track your shipment.

本句中，教师引导学生注意 strongly advise 中 strongly 作为副词的强调表达，以及 tracking number 中现在分词作前置定语的用法。

- 在伦敦希思罗机场，大约150次航班被取消，其他航班被延迟。

At London's Heathrow airports, around 150 flights have been cancelled while other flights were delayed.

本句中，教师引导学生注意 flights 的表达，同时注意被动语态以及 while 所表达的对比。

翻译2：此部分选自《实用外贸英语》（pp.131-133）。

- 为保证最快交货，我方要求对上述订单用航空交货。

To ensure fastest delivery, you are requested to forward the above order by air freight.

本句中，教师引导学生注意被动语态的表达，被动语态能够将要求有效地传达给对方；另外，教师引导学生注意 forward 作为动词的表达，强调英语中词汇多词性的现象；还应强调 air freight 的表达。

- 如果客户要求选择卡车以外的运输工具，就必须负担额外费用。

If the customer wishes to choose a carrier other than truck, he must bear the additional charges.

本句中，教师引导学生注意 carrier 的表达以及 other than 作为否定的简洁对比表达；引导学生注意 bear the additional charges 中 bear 的形象化表达，注意 bear 作为动词除了强调动作其原含义更加强调了所应承担的责任。

- 我们坚持在原定日期内交货，若迟交保留拒收的权利。

We must insist on delivery within the time dated, and reserve the right to reject the goods, should they be delivered late.

本句中，教师引导学生首先注意整句话所隐含的语气，使用 must insist on 可以更加强调出言辞的严肃性与不容商量性，可以此引导学生使用不同的词汇来表达不同的隐含语气；其次，注意 "should they be delivered late" 中虚拟语气的使用，一方面通过使用虚拟语气强调了说话者不希望所述事实发生，另一方面通过 should 前置强调了动词 deliver；再次，注意 dated 过去分词非谓语作后置定语修饰中心词 time；最后注意 within the time dated 中 dated 过去分词作后置定语以及 reserve the right 的表达。

- 由于你方迟开信用证，无法按合同要求及时装船，只能推迟到 9 月和 10 月。

Owing to your delay in opening the relative L/C, shipment can not be made in time as contracted and should be postponed to September and October.

本句中，教师先引导学生注意被动语态的表达，此句中的被动语态更加强调了双方的关注点 shipment；另外，教师要引导学生注意 as contracted 的表达，此处 contract 作为动词的非谓语使用，与 as 搭配强调 contract 与前面中心词的关系。

- 我方订购的皮鞋应在 6 月份交货，现已延误多日。

Our order of leather shoes, which should have been delivered in June, is now considerably overdue.

本句中，教师引导学生首先注意使用定语从句的简洁性，与"Our order of leather shoes should been delivered in June, and now they are considerably overdue."相比可以看出定语从句不但表达简洁，而且强调了主语 our order of leather shoes；其次注意 should have been 所强调的"本应该"，隐含了谴责性；最后注意 overdue 通过 over 表达的强调语气以及 considerably 作为副词所表达的强调语气。

- 欣告你方……轮已顺利装载，希望到达目的港时货物良好。

We have the pleasure to inform you that the shipment per S.S...has gone forward and hope that it will arrive at the destination in perfect condition.

本句中，教师引导学生注意"it will arrive at the destination in perfect condition"的简洁表达，并与：it will be in perfect condition when it arrive at the destination"相比较；以及注意 has gone forward 的表达以及 has 作为现在完成时的用法。

- 由于工厂遇到了不可预见的困难，我们抱歉无法按信用证规定的日期装船，但工厂已保证 1 个月内备妥货物。

Owing to the unforeseen difficulties on the party of our mills, we regret being unable to ship the goods within the time limit of your credit. But the mills have promised that they will get the goods ready for shipment in one month's time.

本句中，教师引导学生首先注意"Owing to the unforeseen difficulties on the party of our mill"的简洁表达，并与"As our mills have been encountered with the unforeseen difficulties"相比较；其次注意在第一句的表达中，the unforeseen difficulties 前置表强调；最后注意 on the party of our mills 的正式表达，within the time limit of your credit 的简洁表达。

- 按合同要求，货物装运后，我们立即以航空邮件的方式寄上全套不可转让单据。

In compliance with the terms of the contract, we forward you by airmail a full set of non-negotiable documents immediately after the goods are loaded.

本句中，教师引导学生注意 the terms of the contract，the terms 为翻译过程中的增词，可借此强调增词是翻译中的一种重要技巧，有助于忠实以及准确表达原文含义；另外，教师引导学生注意 in compliance with，由 compliance 引申 company 所强调的意义，a full set of 作为量词的表达，以及 non-negotiable documents 作为"non"构词法的表达。

- 必须强调，必须在规定的期限内装船，不允许延期。

Emphasis has to be laid that shipment must be made within the prescribed time limit, as further extension will not be considered.

本句中，教师引导学生首先注意使用被动语态的表达来强调 emphasis，同时，关注在汉语中作为动词的"强调"在英语翻译时可以转化为名词 emphasis，借此强调翻译时词性的灵活转换；其次注意 within the prescribed time limit 中 prescribed 的分词前置定语表达；同时通过"as"强调因果关系，as 能够使上下文更加融洽，以及 as 引导的从句也同样使用被动语态进行了对客体的强调。

- 你方必须在指定的时间内将货物装上……号轮，否则空舱费将由你方承担。

You must deliver the goods on board S.S...within the time limit as instructed, otherwise dead freight, if any, should be borne by you.

本句中，教师引导学生首先注意 on board 的表达；其次注意 within the time limit as instructed 中 as 的用法强调了 instructed；再次注意 dead freight 的表达以及 be borne 所强调的动作；最后注意 if any 增加表示强调。

• 长时间延误交货已给我方带来很大的不便。我们坚持要求立即发货，否则，将不得不取消原定合同的订货。

We have been put to considerable inconvenience by the long delay in delivery. We must insist on immediate delivery; otherwise, we shall be compelled to cancel the orders in accordance with the stipulation of the contract.

本句中，教师引导学生注意"We have been put to considerable inconvenience by the long delay in delivery."中被动语态的使用更加强调了延误对我方所造成的不利；"we shall be compelled to cancel the orders"中被动的使用强调了我方的无奈；the stipulation of the contract 中 stipulation 在正式表达中的用法。

翻译3：此部分选自《实用外贸英语》（pp.135-136，291-292）。

• 所订货物已分三批运往你方。
The goods ordered have been forwarded to you in three lots.

本句中，教师引导学生关注被动的使用是用来强调 goods；注意 ordered 过去分词作后置定语的用法；注意 forward 作为动词的用法；注意 in three lots 中量词的表达。

• 由于没有轮船直达你方港口，我们希望您能接受在香港转运。
As there is no direct steamer from here to your port, we suggest that you accept transshipment at Hongkong.

本句中，教师主要引导学生关注 transshipment 的表达，以及相关联的构词法，如 transfer、transparent、transplant 等。

• 除非另有说明，否则此运输标记将适用于所有运输。"
The shipping mark will apply to all shipments unless otherwise instructed.

在本句中，教师主要引导学生关注 the shipping mark 的专业术语表达；注意 otherwise 所强调的否定表达；注意 instructed 过去分词作伴随，前面加连词 unless 强调否定的条件关系。

• We will ship the remaining 3000 pieces by the first boat available after receipt of your amendment to the L/C.

收到你方信用证修改书后,我方会将剩下的 3 000 件在第一时间装运。

在本句中,教师引导学生首先关注 remaining 现在分词前置作定语对中心词进行修饰的用法,因为 remain 与中心词为主动关系,所以使用现在分词作为前置定语;其次,关注 the first boat available 中 available 作为形容词后置定语的使用;再次关注 receipt of 的名词化,将其与 after your amendment to the L/C is received 相比,显然,名词化强调了意义的中心即 receipt。最后,关注 amendment 与 change 相比,amendment 为正式表达。

• We shall be appreciated it if you will effect shipment as soon as possible, thus enabling our buyers to catch the brisk demand at the start of the season.

如你方能尽快安排装运,我们将不胜感激,这样的话我们的客户就可以赶上销售旺季开始时出售。

在本句中,教师引导学生首先关注礼貌用语"We shall be appreciated";其次关注 effect 作为动词的用法;再次关注 enabling 现在分词作为伴随的用法,前面加出 thus 强调因果关系;最后关注 the brisk demand 的表达。

• In compliance with the terms of contract, we will forward you a full set of non-negotiable copies of documents immediately after the goods are shipped.

根据合同要求,货物装运后,我方会立即向你方寄出全套不可转让的副本单据。

在本句中,教师引导学生关注 the terms 的常用表达;a full set of 作为量词的常用表达;non-negotiable copies 的表达;non-negotiable 所关联的构词法,如 non-stop 等。

(三) 写作范例

其中横线为笔者所标。

信件 1:选自《跨境电商交际英语》(p. 144)。

Dear Jane,

We've already prepared your order to be shipped in 2 hours by our shipping agent. Your parcel is being handled by China Post. The tracking number is RJ213394323CN. It is estimated to reach you within 30 business days. Please note that it may be a little later than normal if there is bad weather or flight delays.

Thanks for your understanding and patience.

Best regards,

Mary

教师引导学生关注本信件的主要内容为物流相关信息告知，物流信息告知要具体，包含发货时间、物流公司、运输单号、预计到达时间以及不可预测因素等。当然，作为正式的信件，最后也要表示感谢。此封信件也可以作为跨境网站商户在聊天框中对客户的咨询的回答以及留言等。

表达方面，关注 is being handled 的被动进行表达，关注 "It is estimated to..." 的常用表达，关注 business days 的表达。

信件2：选自《实用外贸英语》(p. 128)。

Dear Sirs,

Re:Your Sales Confirmation No. C215 Covering 4,000 Dozen Shirts

We have acknowledgement for your letter dated 19th August in connection with the above subject.

In reply, we have the pleasure of informing you that the confirmed, irrevocable Letter of Credit No. 7634, amounting to £500 has been opened this morning through the District Bank, Ltd, Manchester. Upon receipt of the same, please arrange shipment of the goods booked by us without the least delay. We are informed by the local shipping company that s/s "Browick" is due to sail from your city to our port on or about the 10th September and, if possible, please try your best to ship by that steamer.

Should this trial order prove satisfactory to our customers, we can assure you that repeat orders in increased quantity will be placed.

Your close co-operation in this respect will be highly appreciated. In the meantime we await your shipping advice by cable.

Sincerely,

教师引导学生注意礼貌委婉表达，如 "we have the pleasure of...." "if possible, please try your best to...."; "Your close co-operation in this respect will be highly appreciated." 中，被动语态用于强调对"你方的合作"的期待。注意 "Should this trial order prove satisfactory to our customers, we can assure you that repeat orders in increased quantity will be placed." 为 should 前置的虚拟条件从句，通过情态动词强调对未来的期待，通过 prove 强调我方对产品评价的客观性，以及通过 assure 和被动语态 will be placed 给予对方信心以获得更好的合作。注意使用 "in the meantime" 能够使表达更连贯。

语言点方面，注意名词化对名词强调的正式表达，如 "We have acknowledgement for..." "Upon receipt of..."; 注意分词作后置定语的表达，如 "your letter dated 19th" "the goods booked by"; 注意分词作伴随的表达，如 amounting to; 注意分词作前置定语的表达，如 confirmed 以及 increased quantity; 注意被动语态中对客体的强调，如 "has been opened" 以及 "We are informed...."; 注意 without the least delay 中的双重否定表示肯定的强调用法; 注意 upon 强调条件的及时性; 注意 the above subject、in reply、is due to、await 的常用表达。

信件 3：选自《实用外贸英语》(P.130)。

Dear Sirs,

We are pleased to inform you that the following goods under our Contract No. CC1200 have now been shipped by s.s. Feng Qing sailing tomorrow from Guangzhou to Sydney.

Order No. C120 10 Bales Grey Cotton Cloth

Order No. C135 10 Bales White Cotton Cloth

Copies of the relative shipping documents are enclosed, thus you may find no trouble in taking delivery of the goods when they arrive.

We hope this shipment will reach you in time and turn out to your entire satisfaction.

Yours faithfully,

教师引导学生关注本信件的主要内容及文体风格。总体上看，这是一封通知对方相关货品已经发货的信件，信件用词礼貌，如开头的"We are pleased to...."以及结尾的"We hope ...to your entire atisfaction."表现出了期待之情；信件结构简洁清晰，如单独列出订单号，使整封信件易于阅读。

语言点方面，引导学生注意分词作前置定语的用法，如 the following goods 中 goods 和 follow 为主动关系，因此使用了现在分词作前置定语进行修饰，以及 Feng Qing sailing 中现在分词做作后置定语；注意使用被动语态对客体进行强调，如 been shipped 和 are enclosed；注意 under our Contract 中介词的使用，以及 take delivery of 的表达。

（四）对话范例

下面对话选自《实用外贸英语》（pp.134-135），其中横线为笔者所标。

We may agree to have the goods transshipped at Hong Kong around mid-October.

Edward:Hello.

Wang:Hi, Mr. Edward, I am just calling to inquire about the shipment of the products we order from you as our customer is in urgent need of the delivery for new season sale.

Edward:Mr. Wang, I am sorry that we were just informed that lately there has been much congestion in shipping. There are very few direct steamers sailing for your port. So is there any chance transshipment is allowed?

Wang:Well, transshipment will prolong the delivery and is likely to cause damage. So, we still hope a direct shipment could be arranged.

Edward:Now the trouble is that it is very difficult to book shipment space. I'm afraid we can do little about this.

Wang:You surely know that transshipment adds to the expenses and sometimes may delay the arrival. If the goods can not be put on the market on time, then good quality and competitive price would mean nothing.

Edward:Yes, we really understand your position. Anyhow, we'll try. We'll see whether we can get the cooperation of the China National Chartering Corporation. It has a good reputation for meeting the clients' varied demands.

Wang:Thank you very much indeed! Can you let me know the result as soon as possible?

Edward:No problem.

Wang:All right. We are expecting good news from you.

(The next day)

Edward:Mr. Wang, I was just informed by the China National Chartering that liner space for China is fully booked up and goods have to be transshipped if you insist on October shipment.

Wang:We prefer direct shipment, of course, but if you can't get hold of a direct vessel, we may agree to have the goods transshipped at Hong Kong around mid-October. If you could manage to catch this vessel, everything would be all right.

Edward:It's very difficult for us to accept a designed on-carrier. There are so many factors that might make the goods miss the intended departure. Besides, are you sure the vessel will call at Guangzhou? And is she already carrying a full load?

Wang:Let's hope for the best, but prepare for the worst. If the worse comes to the worst, please ship the goods to Zhuhai. How about Zhuhai as an optional port of destination?

Edward:Good. Then, what would you say if we put it like this: "Shipment by first available steamer in October. Port of destination in Guangzhou or Zhuhai. Transshipment at Hong Kong allowed."

Wang:Fine. It seems I have no alternative. Thank you, Mr. Edward. I'm sorry if the arrangements cause you any inconvenience.

Edward:Oh no, we're only too glad to help you in any way we can.

教师首先引导学生关注对话的内容、风格以及相关表达。

在内容上，本对话是对货物运输路线的商讨。

在风格上，注意语言委婉、口语化以及感谢和劝说的表达。语言委婉表达，如"I am sorry that...."“I'm afraid...."；口语化表达，如"Anyhow""Can you let me know...." "Let's hope for the best, but prepare for the worst." "What would you say if we put it like this...."；对对方的感谢，如"I'm sorry if the arrangements cause you any inconvenience." "We're only too glad to help you in any way we can"等常用口语化表达；语气坚定的劝说表达，如"We still hope...." "Goods have to be transshipped if you insist on October shipment"。

注意时态的使用，如"There has been much congestion in shipping"强调了过去到现在一直存在的状态。

注意被动语态的使用，如"I am sorry that we were just informed that..."强调了客体，说明了we 的无奈性，"I was just informed by...." "a direct shipment could be arranged" "If the goods can not be...."都体现了对客体的强调。

注意虚拟语气的使用，"If you could manage to catch this vessel, everything would be all right."是对未来的虚拟，表示了对未来条件发生的把握性不大，也表示希望渺茫。

注意现在分词作后置定语的用法，如 very few direct steamers sailing；注意过去分词作前置定语的用法，如 a designed on-carrier。

注意同位语从句的使用，如"So is there any chance transshipment is allowed?"。在书面语中，chance 后面的 that 一般不省略，但是在口语中经常省略，从这里也可以看出本句的口语化倾向。注意表语从句的使用，如"Now the trouble is that...."。注意定语从句的使用，如"There are so many factors that might make the goods...."。

注意隐喻的修辞手法，如 congestion。

注意 it 作形式主语的用法，如"It is very difficult to...."。

注意否定词的使用，如 very few direct steamers 通过使用 few 强调了否定；注意否定词对表达简洁的作用，如和"I'm afraid we can't do much about this."相比，"I'm afraid we can do little about this."明显更为简洁。

注意 in urgent need of 中的形容词的强调作用，注意 new season sale 为商业常用表达，注意 prolong the delivery、competitive price、varied demands、call at、carrying a full load、an optional port、first available steamer、have no alternative 等常用搭配，注意"If the worse comes to the worst, please...."中比较级的用法。

（五）虚拟倒装及否定复习

虚拟语气的句型很多，但只要明确了各种虚拟句型实际都是对条件的虚拟或者对结果的虚拟，掌握虚拟语气就不再困难。

1. 倒装虚拟

倒装虚拟是虚拟语气句型中比较特殊的一种。使用倒装虚拟时，通常把助动词或者系动词置于句子最前面。由于助动词和系动词能够表现时态，而虚拟语气的主要表现为时态的改变，所以助动词或系动词置于句子最前面实现了时态的突出，即虚拟时态吸引读者注意力的功能。为了体现助动词与主语的黏合性及语法规范性，倒装虚拟句型中，并不体现重要功能的连词是可以省略的。例如：

Had we gone earlier yesterday, we would meet her cousin.
Were I Tom, I would not invest in that house.
Should I win the lottery, I would donate some money to the charity organizations.

从上面三句话可以看出，第一句使用表示"过去的过去"的过去完成时态强调了一种遗憾；第二句使用表示一般现在时态之前的一般过去时态强调了"假如过去发生了什么事，我现在就是 Tom 了"的虚拟，强调了与过去事实相反；第三句中的情态动词表示的是过去将来时态，表示"假如过去我做了某种选择或发生了某些事使得过去的将来我中了彩票，然后在未来把钱捐出去"，情态动词 should 表示过去将来时态，置于句子最前面强调了对将来的虚拟。因此，倒装虚拟有效强调对过去、现在或者未来的虚拟。

2. 否定虚拟

（1）but for 引导的虚拟句型。

But for your help, we would not have signed the contract.

此句中，but for 的意义可以等同于 if not，所以实际上 but for 是对过去虚拟条件否定的省略，补充完整则是"If you had not helped us, we would not have signed the contract."。使用 but for 能够强调对条件的否定，更加突出虚拟的效果。

（2）lest 引导的虚拟句型。

He works overtime these days lest he should delay shipping date.

将 lest 引导的从句为"If he should delay the shipping date, that would be so bad 假如他耽误了发货日期，那就太糟糕了"。例句中 lest 引导的从句是对将来的虚拟 "that would be so bad" 则是省略掉的；通过语境中的隐含义而实现的省略为本句赢得了简洁性，同时主句中 "He works overtime" 强调了避免实现后面虚拟条件中的现实条件，从而强调了主句中的主观现实努力。

学生练习编号本学时所涉及的虚拟语气句型，与同伴以及教师进行讨论。

虚拟语气在各语料中都广泛出现，教师要向学生强调应无论进行口语还是书面表达时都能利用虚拟语气准确完整表达想法。

二、行动监控

（一）任务完成

任务1：请编对话，并进行录音。假设甲在某网站上经营一家网上商铺，乙在甲的商铺下单购物，但是距离下单已经过去了三天，乙查看物流记录，发现商品还没有发货，乙对甲进行催促，甲解释原因并承诺第二天发货；乙询问货运公司是哪家以及收货时间是何时，甲解释由于需要在香港进行转运，所以货运时间较长，乙要求选择配送较快的货运公司并可以支付相关费用，双方达成一致；甲告诉乙可以随时关注物流记录，并对于所造成的不便进行道歉，并期待下次合作。

任务2：假设你负责一家跨境电商商铺，请基于下面内容给客户书面留言：非常感谢客户下单，快递已发货，客户可追踪相关物流记录，大约什么时候能到，可提供上门送货服务。同时向客户介绍新上的客户可能感兴趣的产品链接，最后礼貌结尾。

对于上面两项任务，同学们基本可以对物流信息等进行表述，并能使用本堂课复习的虚拟语气句型；但有的术语表达不专业，还需对术语进行进一步学习；礼貌结尾仍有缺失。应注意分段；注意留言中开头的称呼以及最后的祝愿。

（二）自我效能评估

教师引导学生反思是否能通过口头交流或者书面交流完成货运方面的相关工作；在语法上是否能自如表达虚拟语气的倒装与否定。

第十节　培养保险事项处理能力行动实施及监控

行动目标：
- 掌握保险的相关表达。
- 掌握外贸保险的相关信息。
- 口语以及书面上简洁、礼貌、准确地交流外贸保险的相关信息。
- 巩固强调句以及倒装句。

行动实施：
- 相关表达。
- 对话范例。
- 翻译练习。
- 写作范例。
- 强调句以及倒装句复习。

行动监控：
- 任务完成。
- 自我效能评估。

教学学时：3学时。

一、行动实施

（一）相关表达

首先，教师引导学生列出所能想到的外贸货运尤其是海运的相关风险，然后进行总结，说明由于自然以及其他意外会引发种种不可避免的风险，所以保险是非常必要的。在此基础上，教师介绍保险的相关种类以及相关术语。下面表达选自《实用外贸英语》（pp.139-149）。

Risks, losses and expenses
1.Risks
Perils of the Sea
Extraneous Risks
2.Losses
Total Loss
Actual total loss
Constructive total loss
Partial Loss
General average
Particular average
3.Expenses
Sue and labor expense
Salvage charges
Particular Charges
Forwarding Charges
Marine Insurance Coverage
1.Basic Insurance Coverage
Free from Particular Average
With Average/ With Particular Average
All Risks
2.Additional Insurance Coverage
General Additional Risks
Special Additional Risk
Insurance documents
Insurance Policy
Insurance Certificate
Open Policy
Combined Certificate
Endorsement

（二）对话范例

对话范文选自《实用外贸英语》(p.153)，横线为笔者标出。

Helen:I am calling to discuss <u>the level of insurance coverage you've requested for your order.</u>

Zhang:I believe that we have requested an amount twenty-five percent above the invoice value.

Helen:Yes, that's right. <u>We have no problem in complying with your request, but we think that the amount is a bit excessive.</u>

Zhang:We've had a lot of trouble in the past with damaged goods.

Helen:I can understand your concern. However, <u>the normal coverage for goods of this type is to insure them for the total invoice amount plus ten percent.</u>

Zhang:<u>We would feel more comfortable with the additional protection.</u>

Helen:<u>Unfortunately, if you want to increase the coverage, we will have to charge you extra for the additional cost.</u>

Zhang:<u>But the insurance was supposed to be included in the quotation.</u>

Helen:Yes, but we quoted you normal coverage at regular rates.

Zhang:I see.

Helen:We can, however, arrange the extra coverage. But <u>I suggest you</u> contact your insurance agent there and compare rates.

Zhang:You're right. It might be cheaper on this end.

Helen:Fax me whatever rates you find there and I'll compare them with what we can offer.

教师引导学生注意此段对话中"We would feel more comfortable with the additional protection.""But the insurance was supposed to be included in the quotation."体现出了买方的坚持；"We have no problem in complying with your request...."体现出了对对方要求的尽力满足；"I can understand your concern."体现出了对对方要求的肯定；"...but we think that the amount is a bit excessive." "...the normal coverage for goods of this type is to insure them for the total invoice amount plus ten percent." 以委婉语气表达出对原则的委婉坚持；"Unfortunately, if you want to increase the coverage, we will have to charge you extra for the additional cost." 较委婉地告知了解决措施；"I suggest you...." 是对对方的进一步建议。还应注意 the level of insurance coverage 的表达。从此段对话可以看出，面对无法完成的买方的要求时，应先给予肯定，再在坚持原则的基础上进行委婉拒绝，同时可以站在对方的立场上提出一些合理的建议。

（三）翻译练习

其中横线为笔者所标。
下面英译汉句子选自《实用外贸英语》pp.151-152）。

• 我们希望这批货物在贵地投保。我们将非常感谢贵方代我方为这批货物投保一切险，保险金额为发票金额的110%。

We hope to have the consignments <u>insured</u> <u>at your end</u>, and we will <u>be appreciative</u> of your kind arrangement to insure them on our behalf <u>against All Risks</u> <u>for invoice value plus 10%</u>.

本句中，教师引导学生注意 insured 过去分词作后置定语修饰 consignments 的用法；注意 against all risks 中 against 的简洁表达；注意 at your end、be appreciative of 的表达；注意 for invoice value plus 10% 中 for 一方面引出了"保险金额"，另一方面又将具体的"保险金额"进行省略，教师在此要强调表达中为了做到简洁、准确与通顺所需的省词翻译技巧；注意 plus 作为介词的表达。

• 我们急于知道，贵方是否考虑我们每月定期运货从而同意给我们优惠保费率。

We <u>are keen to</u> know if you may <u>allow</u> us <u>a special rate</u> for <u>our regular monthly shipments</u>.

本句中，教师引导学生注意 be keen to；注意将"考虑"表达成 allow 的灵活表达，教师在此要强调进行灵活表达的必要性，与 consider 相比，再结合上下文，可以看出 allow 的表达更为准确；注意 a special rate 以及 our regular monthly shipments 的表达。

• 已收到你方6月13日来函，感谢你方希望我公司为贵方的货物在运输途中可能受到的损失承保。

<u>Thank you for</u> your letter of June 13th, requesting us to insure your goods against the possible damage <u>in transit</u>.

本句中，教师引导学生注意 thank you for 的前置，注意为了表达准确与通顺，灵活安排可以词或词组的位置；注意 damage in transit 的表达，此词组意为"（货物）在运输途中受到的损失"在英语表达中"受到的"省略，再一次强调表达过程中加词与减词的灵活使用；注意 in transit 的表达。

• 保险费随保险范围的不同而不同，如果货物需要投保附加险，则额外的保费由买方支付。

The premium <u>varies</u> with <u>the extent</u> of insurance. <u>Should</u> the goods be insured against additional risks, the <u>extra</u> premium should <u>be borne</u> by the buyer.

本句中，教师引导学生注意虚拟语气的用法，使用虚拟语气表示"一般不投保'附加险'，因此需要投保的话是需要买方负担的"，should 前置强调虚拟以及它所引导的动作 be insured；表达方面，教师引导学生注意 vary、extent、extra 以及 be borne 所强调的动作。

（四）写作范例

下面三篇范文均选自《实用外贸英语》（p.150），横线为笔者所标。
信件1：内容为买方保险申请。

Dear Sirs,

Please <u>insure us against</u> all risks US $100.000, <u>value of</u> 5000 sets of "Butterfly" Sewing Machines <u>shipped</u> at Shanghai, on board S.S. "Fengching", <u>sailing</u> for New York on May 20th.

Please send us the policy, together with <u>a note for the charges</u>.

Yours faithfully,

在本篇范文中，教师引导学生注意"insure...against..."的表达；注意

value of 的简洁表达；注意 shipped 过去分词作后置定语以及 sailing 现在分词作后置定语修饰共同的中心词 machines；注意 a note for the charges 的表达。

信件2：内容为卖方为买方投保。

Dear Sirs,

Regarding your instructions dated May 8, we have insured your shipment of 5000 sets of "Bttrfly" Sewing Machines shipped from Shanghai on board S.S. "Fengching", sailing for New York on May 20th, as per the policy enclosed. Please remit US＄1.200 to our account for this policy by bank check.

Yours faithfully,

在本篇范文中，教师引导学生 regarding 作为介词或现在分词作伴随的表达，此句逻辑主语为后半句的 we；注意 dated 过去分词作后置定语修饰前面中心语 instructions 的表达；注意 shipped 过去分词作后置定语以及 sailing 现在分词作后置定语修饰共同的中心词 Sewing Machines 的表达，还要注意 Sewing Machines 中 sewing 现在分词作前置定语修饰 Machines，因此 Machines 有三个定语，Sewing 为前置定语，shipped 与 sailing 为后置定语；注意 as 表示"作为"的表达；注意 enclosed 过去分词作后置定语修饰中心语 the policy 的表达；注意 "remit...o our account" 的表达。

信件3：内容为保险查询。

Dear Sirs,

We shall recently have a consignment of cement under the captioned order No. 432, valued at US＄40,000 CIF Hong Kong, to be shipped from New York by a vessel of New York Lines Ltd.

We desire to have the shipment insured against all risks. The insurance is from our warehouse at the above address to the port of Hong Kong. Would you please let us know as soon as possible the terms and conditions on which you can provide cover for risks mentioned?

We look forward to the insurance policy, and the earlier,the better.

Sincerely,

第四章　创业导向下培养外贸跨境电商农业人才行动方案实施及监控

在本篇范文中，教师引导学生注意整篇文章表达语气的正式性；注意 under the captioned order 中 under 作为介词的表达；captioned 和 valued 过去分词作前置定语以及后置定语的用法；to be shipped 不定式作后置定语修饰前面的中心语 a consignment of cement 的表达；insured 过去分词作后置定语修饰中心语 the shipment 的表达；过去分词作后置定语修饰中心语 risks；注意 at the above address、the terms and conditions 的表达；注意 the terms and conditions on which you can provide cover for risks 中 on which 引导的定语从句，on 在这里作为介词进行前置；注意 "...the earlier, the better." 所体现的 "the more...the more..." 的表达。

总体上，三篇范文的表达都非常正式与简洁，首先简单明了说明事项，其次礼貌要求对方满足需求，最后表示必要的期待；文中使用现在分词或者过去分词作定语修饰中心词以及定语从句等长句较多。

（五）强调句以及倒装句复习

1. 强调句

强调句的掌握对于大多数学生并不难。进行强调句教学时，教师首先要要求学生掌握强调句的基本句型即"it is...that/who"（强调的成分为人时可用 who），其次要通过对比教学突出使用强调句的优势，最后要将强调句与相似结构主语从句进行对比，找出区别，从而帮助学习者不但能快速辨识强调句，迅速认知其含义，而且能在适当的时候灵活使用强调句。先将强调句和非强调句进行对比。例如：

It is the book that leads him to the world of academic study.
比较相应非强调句：The book leads him to the world of academic study.

从这两句的对比中，我们可以看出第一句强调句对 the book 进行了特别强调；而第二句非强调句只是对事实进行了陈述。因此，通过对比教学，学生更能体会到两者之间的差异，从而可以在不同的语境中运用适当的句型。

先将主语从句与强调句进行对比。例如：

主语从句：It is my suggestion that you should make a plan in the

long run at first.

强调句：It is my suggestion that he disapproves of.

从这两句的对比中，我们可以看出主语从句中 it is 和 that"中间的 suggestion 并不是 that 从句中的一个成分，"...that you should make a plan in the long run at first"是真正的主语，最前面的 it 只是一个形式主语，代替真正的主语 that 从句；而在强调句中 it is 和 that 中间的 suggestion 充当后面 that 从句中的一个成分，因此 that 所引导的从句并不是完整的一句话，而是缺少了前面所强调的成分。在语法上，我们也可以把后面的 that 从句理解为定语从句，通过 it is 强调 suggestion，可将其翻译为"是我的建议，他不同意"。

2. 倒装句

倒装句的使用在各种语料中也很普遍，因此对于学生来说，快速辨识其用法并认知其含义，并且在需要强调某一成分时可以自如使用也是非常必要的。倒装句分为全部倒装和部分倒装，全部倒装是指时间或地点等需要强调的成分位于句首时，一般把谓语置于主语前面；部分倒装主要运用于否定含义的词或短语等位于句首时使用，一般把相应的助动词置于主语前面。倒装句的功能主要为强调位于句首的成分。教师进行对比教学，使学生真正认识到在适当语境中使用倒装的必要性。

（1）全部倒装：时间或地点等位于句首。示例如下。

Here comes Kay.

比较：Kay comes here.

从上述两句中，我们可以看出倒装句更加强调 here。

From upstairs comes the annoying noise.

比较：The annoying noise comes from upstairs.

从上述两句中，我们可以看出强调句通过把地点状语置于句首、谓语置于主语前面对地点进行了强调。

（2）部分倒装。示例如下。

Not only does he study hard, but also he helps his father with the farm work.

比 较：He not only studies hard, but also helps father with the farm work.

从上述两句中我们可以看出在这两句中，在倒装句中，将相应的助动词 does 置于主语前面，能够更加强调 not only 以及后面通过 does 所映射的动作。

例如：Barely did he visit his parents in holidays.
比 较：he barely visits his parents in holidays.

从上述两句中，我们可以看出在倒装句中，将相应的助动词 did 置于主语前面，能够更加强调 barely 以及后面通过 did 所映射的具体动作。
还有一种部分倒装应用于强调某一成分时，如强调副词或者形容词时，我们通常把强调的成分置于句首。

Only in this way can you open the bottle.
比 较：You can only open the bottle in this way.
So enthusiastic is he that he volunteered to go there alone.

比 较：He is so enthusiastic that he volunteered to go there alone.
从上述几句中，我们可以看出部分倒装对相应成分进行强调时，还将介词短语或助动词位于主语前面以达到同时强调动作的目的。
学生练习编写本学时相关句式，与同伴及教师进行讨论。

二、行动监控

（一）任务完成

假设你经营一家小微公司，请对对方进行书面留言，留言包含以下几方面内容：
（1）收到对方某日关于保险事宜咨询的留言。
（2）保险已经上好，保值为发票价值附加 10%。
（3）货物经海运直接到达目的港。
（4）请把保险费汇到我公司账户。
请写一则表达清晰、连贯、简洁以及准确的留言。

对于此项任务，同学们基本可以对保险方面的事项进行明确表述，如一些同学使用数字或者 firstly、secondly、in addition 等词进行说明，逻辑非常清晰，在工作邮件中这一点非常值得提倡。写作时需要注意分段；注意留言的格式，要有称呼与结尾，并且最好要有落款人。

（二）自我效能评估

教师引导学生自我评估是否可以通过口头或者书面交流完成保险相关工作；在语法上，是否能自如表达强调句以及倒装句。

第十一节 培养包装事项处理能力及案例分析行动实施及监控

行动目标：
- 掌握包装和检测的相关表达。
- 掌握包装和检测的相关知识。
- 口语以及书面上简洁、礼貌、准确地交流包装和检测的相关信息。
- 具有跨文化交际意识，注意不同文化中对包装的喜好与禁忌。

行动实施：
- 相关表达。
- 翻译练习。
- 写作范例。
- 对话范例。

行动监控：
- 任务完成。
- 自我效能评估。

教学学时：5 学时。

第四章 创业导向下培养外贸跨境电商农业人才行动方案实施及监控

一、行动实施

（一）相关表达

在发货前要对货物进行包装。教师引导学生思考包装的目的并进行总结。包装的目的主要有以下几个方面：使货物易于运输或者携带；保护货物不受损害；使收到货物的买方从包装上就能感受到货物的品质以及卖方的诚意，感到赏心悦目。

我们网上购物收到货物以后都会进行验货，在跨境电商交易中，为了确保买家的权益，卖家在发货前也一定要对相关货物进行检查。

根据《实用外贸英语》（pp.159-167），包装分为"Nude Cargo""Cargo in Bulk/Bulk cargo""Packed Cargo""Transport/Shipping (Outer Packing)""Single Piece Packing""Collective Packing""Sales/Marketing Packing"。在对上述几种包装种类进行学习时，教师要先引导学生了解不同种类包装的关系、不同包装的不同使用特征以及使用场合，同时引导学生在具体的情境中进行掌握。当然，这几种包装是比较容易理解的，教师还应稍微提及不同的包装以及加以少许解释。教师应重点强调学生应记住相关的英语术语表达。

《实用外贸英语》（pp.161-167）将"Marking of Package"（包装标志）分为"Shipping Marks""Indicative Marks"和"Warning Mark"三种。教师简单说明这三种标志的内容，列举日常生活中经常见到的标志短语进行翻译。教师引导学生注意，为了吸引对方注意，并且为了让对方能够在最短的时间内进行语言辨认，标志语一般要最大程度突出关键词，而对于其他词则作省略处理。

同时根据教材《实用外贸英语》（pp.161-167），首先，教师简单介绍"Inspection"的相关内容，介绍"Inspection Stipulated by Law""Inspection Clauses in Contract""Inspection Certificate"相关术语和内容，强调stipulated作为过去分词后置定语的用法和clauses的常用意义；其次，教师引导学生注意相关表达（《实用外贸英语》，p.170），如"packing list""inner packing""outer packing"，以及以下两个例句：

Folding chairs are packed 2 pieces to a carton.
折叠椅两把装一个纸板箱。

Each pair of Nylon Socks is packed in a polybag and 12 pairs to a box.

每对尼龙袜子都装在一个塑料袋里,12对尼龙袜子装一个盒子。

最后,教师引导学生注意下列表达,本部分选自自《跨境电商交际英语》(pp.124-125)。

outer packing, inner packing, rough handling, cardboard box, wooden case, plastic bag, packaging label, packaging material, bubble sheet, waterproof paper, shelf-sales ready。

关于包装,教师引导学生首先关注相关特定术语;其次关注打包方面的相关句式;最后要能够对各种包装进行准确的英语描述与理解,以免造成误解从而给买卖双方造成一定损失。

(二)翻译练习

笔者对以下选句中的重点表达进行了标记。

翻译1:下面句子选自《跨境电商交际英语》(p.127)。为了教学方便,将汉语句子放在了英语句子前面。

• 我们希望你们每一箱装12件产品,每件产品都用气泡纸包装。
We'd like you to pack each product in a bubble sheet and put a dozen in a small carton.

本句中,教师引导学生注意a bubble sheet的表达;注意a dozen作为数量的表达,并强调其与twelve相比之下的简洁性;注意carton的表达。

• 木箱不仅要适于海运,还要足够坚固以保护货物不受任何损害。
The wooden case should be not only seaworthy but also strong enough to protect the goods from any damage.

本句中,教师引导学生注意seaworthy作为"适于海运"的表达;注意worthy所体现的构词法以及相关单词;注意protect the goods from any damage的简洁表达。

翻译2：下面句子选自《实用外贸英语》（pp.171-172）。

• 通常涂料每桶净重10千克，每箱装4桶。
The paint is usually supplied in tins of 10 kilos net, four tins to a crate.

本句中，教师首先强调整句中被动语态的使用，通过被动语态强调paint以及连系动词supplied，与相似翻译"Every tin of paint is usually 10 kilos net"，相似翻译是对事实的陈述，原文翻译强调了动词supplied，从而引出潜在的商家；再强调net和crate的常用表达；引导学生关注four tins to a crate的简洁表达。

• 包装应该符合当地市场偏好。
The packing should be in line with local market preference.

本句中，教师引导学生关注in line with和local market preference的表达；同时，强调包装之前应该对目的国的文化有充分了解，尤其是对包装的形式以及包装上的禁忌有充分了解。

• 为预防起见，纸箱必须金属带捆绑确保安全。
For the sake of precaution, the cartons must be secured with metal bands.

本句中，教师引导学生关注be secured在原意的基础上隐喻了"捆绑"的意思，因此教师要引导学生多关注此类词语的一语双关甚至"多关"的用法以达到表达的简洁性。

• 请将防水材料作为容器里衬，以免货物受潮。"
Please line the containers with waterproof material so that the goods can be protected against moisture.

本句中，教师引导学生关注"以免货物受潮"中"免"是"不要"的意思，是一个否定表达，但所对应的"so that the goods can be protected against moisture"是一个肯定表达，要关注翻译中否定翻译成肯定的表达方法；和翻译成否定的表达"in case the goods suffer from moisture",相比,肯定的翻译表达强调了 be protected,而否定的翻译表达强调了 suffer from moisture,引导学生在不同的场合中使用不同的表达方法从而进行侧重点不同的强调。同时,教师还要引导学生关注 waterproof 的构词法,并可以适当扩展其他只 proof 为基础生成的词,如 fireproof 等;以及关注 against 的常用用法。

- 用国际标准粮食袋装,每集装箱装 20 袋。
In international standard grain sacks, 20 sacks in a container.

在本句中,教师引导学生关注使用两个短语表达的简洁性,强调在很多语境中,短语表达是经常被使用的,如列举语境;另外,关注本句中 sacks 和 container 的常用表达。

- 将书装入两个箱子,每箱重 100 千克。
The Consignment of books is packed into two cases, each weighing about 100 kilorram."

本句中,教师先引导学生关注独立主格结构的使用,each weighing about 100 kilogram 作为独立主格结构,表示对主句的伴随;each 与 weigh 是主动关系,因此使用现在分词 weighing;另外由于 each 紧随前面主句的 two cases,所以 each 在这里是一个省略用法,省略了 case。教师还要引导学生关注 consignment 的常用表达。

- 运动款夹克衫先装入塑料袋中再用纸箱装,每箱 10 件。
Sports jackets in polybags are packed in cartons of 10 pieces each.

在本句中,教师主要引导学生关注英语表达的简洁性。与相似意义表达 "Sports jackets will be firstly put into the polybags, and then be packed into the cartons with 10 pieces in each carton." 相比,本句用 在本句中,"Sports jackets in polybags 代替了 "Sports jackets will be firstly put into the polybags",在避免动词冗余的同时完整地表达了原文的含义;"用 in cartons of 10 pieces each" 代替 "into the cartons with 10 pieces in each carton";也表

现出了表达的简洁性。

- 由于包装不良，致使部分货物到达时毁坏严重，我们不得不大幅削价处理。

<u>Owing to</u> <u>faulty packing</u>, several of them arrived in a bad order so that <u>we were compelled to</u> <u>dispose of them</u> <u>at greatly reduced prices</u>.

在本句中，教师先引导学生关注 owing to 所强调的原因，和"Faulty packing caused part of the goods to be destroyed seriously."相比，本句更加强调 faulty packin"是原因所在；关注"we were compelled to"的被动表达，和"We have to dispose of them."相比，本句更加强调主语的无奈选择。教师还要引导学生关注 faulty packing 中 faulty 的用法以及"were compelled to dispose of them at greatly reduced prices"中 at 的表达。

- 双方同意以制造厂出具之品质及数量或重量检验证明书作为卖方向付款银行议付货款单据之一。但货物的品质及数量或重量的检验应按合同规定办理。

<u>It is mutually agreed</u> that <u>the certificates</u> of quality and quantity or weight issued by the manufacturer shall be part of the documents to be presented to the paying bank for <u>negotiation of payment</u>. However, the inspection of quality and quantity or weight shall be made <u>in accordance with the contract</u>.

在本句中，教师先引导学生关注"It is mutually agreed that..."中 it 作为形式主语的用法，此句式借由 it 更加强调了后面的真正主语，即"双方同意"的内容，和"both parties agreed that..."更加强调客观事物，同时，"both parties"作为在语境中可显然推断出的主语可以省略。然后，教师引导学生关注 mutually、the certificates、negotiation of payment 以及 in accordance with the contract 的常用表达。

翻译3：下面句子选自《实用外贸英语》（pp.175-176，294-295）

- 我们可以满足你方对包装的特殊要求，但是额外增加的费用需由你方承担。

We can meet your special requirements for packing but <u>extra expenses should be borne by</u> you.

在本句中，教师引导学生关注"extra expenses should be borne by ..."的表达。

• 纸箱长40厘米，宽20厘米，高30厘米，容积0.024立方米，毛重25千克，净重24千克。

The <u>dimensions</u> of the carton are 40 centimeters long, 20 centimeters wide, and 30 centimeters high with a volume of about 0.024 cubic meter. The gross weight is 25 kilos while the net weight is 24 kilos.

在本句中，教师引导学生首先关注 dimension 和 volume 作为尺寸综合名词，cubic meter 作为单位，以及 gross weight 和 net weight 的常用表达；其次关注本句中的翻译增词，即在本句中，dimensions 是作为增词而存在的，与相似意义翻译"The carton is 40 centimeters long, 20 centimeters wide, and 30 centimeters high with a volume of about 0.024 cubic meter..."相比，原有表达以增词实现了对尺寸的强调，把读者的注意力成功地聚焦于尺寸上；最后，关注"The gross weight is 25 kilos while the net weight is 24 kilos."中 while 的表达，while 同样作为增词，实现了 gross weight 和 net weight 的对比，因此 while 不但有利于句与句之间的连贯，而且分别强调了 gross weight 和 net weight 的不同重量。引导学生关注在表达时多注意连词的使用。

• The goods will be inspected by <u>China Commodity Inspection Bureau</u> and their quality certificate <u>shall be taken as final</u>.

货物应由中国商品检验局进行检验，该局所签发的品质检验证书应作为最后依据。

在本句中，教师先引导学生注意"China Commodity Inspection Bureau"的表达；教师引导学生关注与"shall be taken as final"相比，汉语表达中的增词现象，很显然，"依据"在这里是一个根据上下文语境增加的词，增词表达能够使语义表达更加清晰。

第四章 创业导向下培养外贸跨境电商农业人才行动方案实施及监控

（三）写作范例

其中横线为笔者所标。

信件1：选自《跨境电商交际英语》(p.143)。

  Dear Sir,

    Thanks for the <u>prompt payment</u> on stockings. <u>We're all set to</u> arrange the shipment right away. According to your request, we'll pack each pair in a plastic bag, 6 pairs in one big bag, and 12 dozen big bags in a carton. <u>Bubble wrap</u> will be used to make sure everything stays in good condition inside the carton. If you agree the goods can be packed as above, we'll ship them later today.

    We look forward to your early confirmation.

                     Best regards,

                       Mary

在上述信件中，教师主要引导学生关注商家对货运状态中包装的陈述，为了让客户对包装情况有清晰的了解，应对各个内包装以及运输包装的概况进行具体说明，同时各个包装的材质以及为了安全进行附加的材料也应予以说明以使客户安心；还应引导学生注意开头一般要表示感谢，结尾一般表示期待。

表达方面，注意 prompt payment 中形容词的表达，are all set to 的表达，bubble wrap 表达上的简洁性。

信件2：选自《实用外贸英语》(pp.168-169)。

  Dear Sirs,

    <u>It gives us much pleasure to advise you that</u> the 500 dozen Shirts under Order No. HAC-86 packed in cartons were shipped on board s.s. "Fengqing" on the 25th July to be transshipped at Antwerp. <u>We shall appreciate it if</u> you will inform us of the condition of packing as soon as <u>the consignment arrives at your end</u>. In regard to packing the goods <u>in question</u> in cartons, <u>we wish to give you</u> our comments as follows:

·143·

(1) Packing in cartons prevents skillful pilferage. As the trace of pilferage will be more in evidence, the insurance company may be made to pay the necessary compensation for such losses.

(2) Cartons are quite fit for ocean transportation, and they are extensively used in our shipments to other ports to the entire satisfaction of our clients. Such packing has also been accepted by our insurance company for WPA and TPND.

(3) These cartons are well protected against moisture by plastic lining. The very fact that they are made of paperboard induces special attention in handling and storage. Thus shirts packed in such cartons are not as susceptible to damage by moisture as those packed in wooden cases.

(4) Since cartons are comparatively light and compact, they are more convenient to handle in loading and unloading. Besides. they are not likely to be mixed with wooden cases while in transport or storge, so that the rate of breakage is lower than that of wooden cases. In view of the above reason, it is believed that your clients will find packing in cartons satisfactory and their fears unwarranted. We are awaiting your further comments.

Sincerely,

在上述信件中，教师先引导学生注意商业信件中行文的礼貌，如第一段中"It gives us much pleasure to advise you that..." "We shall appreciate it if...", 第二段中"we wish to give you..."。

注意行文的逻辑性与简洁性，如文中对包装相关的列举。为了对读者更加友好，商业信件经常采用罗列的方式，从而能够使读者在最短时间内得到核心意义。

注意正式语体中常用句式。同位语从句就是正式语体中常用的一个句式。例如，"The very fact that they are made of paperboard induces special attention in handling and storage."中that引导同位语从句对fact进行进一步的阐释，因此此句的主干为"The very fact...induces...."，与相似意义表达"They are made of paperboard, therefore, they induces special attention in handling and storage."相比可以看出，强调同位语从句的使用可以使行文更加简洁，另外，the very fact 的加入能够使读者更加关注后面的同位语从句，也使风格更加正式。正式文体中经常使用的另一个句式是 it 引导的主语从句，如 "...it is believed that your clients will find packing in cartons satisfactory and their fears unwarranted.", 此句通过 it 作形式主语引出后面自己对客户反应的判断；使用 it 也可以使主语更加简洁，Your clients will find packing in cartons satisfactory and their fears unwarranted is believed."相比，可以看出不使用形式主语的句式理解起来会更加难一些；使用 "...it is believed that ...."省略主语，从语境中可以推断出隐含的主语应为 "we believe and also you could believe"，比较 "we believe that your clients will find packing in cartons satisfactory and their fears unwarranted"，可以看出，使用 "it is believed that ...."更能推断出隐含的内容为 "你们也应该有理由相信"（it is also reasonable for you to believe that....），从而更能引发共情以及对方对包装的信心。

同时，教师引导学生关注 consignment arrives at your end、in regard to、in question、be more in evidence、to the entire satisfaction of our clients、in view of the above reason、find their fears unwarranted、be awaiting your further comments 等在商业往来信件中常用的表达；关注 pilferage、be susceptible to damage by moisture 等包装常用的术语表达。

（四）对话范例

下面的对话来自《实用外贸英语》（p.174）。

> The exported goods should be inspected before shipment, and the imported goods should be reinspected after their arrival.
> **Mr. Feng is going to negotiate the mater of inspection with Mr. Clay.**
> Clay:Well, it's our turn to the matter of inspection, isn't it?
> Feng:Yes. Let's go down to the issue now. Careful and proper inspection is an indispensable part to ensure the quality of the goods to be purchased.
> Clay:Right. Shall we first specify the inspection right?
> Feng:All right. What are your inspection stipulations for your exports and imports then?

Clay: According to the inspection clauses, inspection must be conducted before shipment by recognized surveyors, who then issue certificates concerning the quality, quantity and other things. These certificates may be taken as the basis for negotiating payment. Upon arrival of the imported goods, the Administration for Quality Supervision and Inspection and Quarantine at the port of destination should reinspect the goods. Should the quality, specifications, quantity or weight found not in conformity with the stipulation of the order, due to causes other than those for which insurance company, shipping company, airlines or post office are liable, the buyer should have the right to lodge a claim against the seller on the strength of the survey report or inspection certificate issued by the Administration for Quality Supervision and Inspection and Quarantine at the port of destination. Such a survey report shall be final and shall serve as the basis for filing a claim.

　　Feng: What you mean is that the exported goods should be inspected before shipment, and the imported goods should be reinspected after their arrival, is that right?

　　Clay: You are right. It is quite common in international trade today.

　　Feng: Very reasonable. The interests of both the buyer and seller are taken into account.

　　Clay: It's true.

　　教师引导学生关注长句"Should the quality, specifications, quantity or weight found not in conformity with the stipulation of the order, due to causes other than those for which insurance company, shipping company, airlines or post office are liable, the buyer should have the right to lodge a claim against the seller on the strength of the survey report or inspection certificate issued by the Administration for Quality Supervision and Inspection and Quarantine at the port of destination."。第一，should位于句首，体现出虚拟语气的使用，意为"if …should"，因此是一个典型的虚拟条件句，主句是"the buyer should have the right to...."虚拟语气的倒装是商业信件中常用的一种句式。第二,"...other than those for which ... are liable"作为否定表达也是商业信件中常用的句式,要注意本句中 for which 所引导的定语从句。第三,注意 "...the survey report or inspection certificate issued by the Administration for Quality Supervision and Inspection and Quarantine at the port of destination." 中 issued 作为过去分词所引导的后置定语。

注意 "Upon arrival of the imported goods...." 中 upon 意为 "as soon as",和 "as soon as the imported goods arrive, ..." 相比,显然前者更加简洁及正式。注意 "Such a survey report shall be final and shall serve as the basis for filing a claim." 此句中 such 作为连贯用词的用法;在表达中,我们常用 such 来指代前面的已知信息,和 "This survey report shall be final and shall serve as the basis for filing a claim." 相比,很显然,原句中的 such 一方面有力地指代了前面的信息,另一方面也有力地强调了 a survey report。

最后,也要注意画横线的其他表达。

如同包装一样,在检验方面,无论是在口语还是在书面交流中,交易双方无论是作为买方还是作为卖方,都一定要进行准确完整的描述,对所涉及方面进行周全的考虑,并且在用词及表达时,注意意义传达的准确性以及简洁性。

二、行动监控

(一)任务完成

任务 1:此任务中信件来自《实用外贸英语》(pp. 176, 295)。

进行此任务时,学生会同时看到汉语信件以及英语翻译,学生需要从英语翻译中找出自己可以学习的部分。这是一项个性化的任务,目的是使学生基于自己的学习基础进行进一步的学习,会更有重点、更努力地寻找需要注意的内容,学生的学习会更加独立自主,更加自主,新知识也能够在学生头脑中留下更深的印象。信件内容如下。

布朗先生:
感谢你方 5 月 18 日来函,以及随附的 998 号售货合同。但是我们发现合同中于包装条款不够清晰。为了避免可能出现的问题，我们希望先对包装要求作如下说明：

(1) 上述合同项下的家具应用木箱包装，一套一箱。同时箱子内要垫有塑料泡沫以免货物受压。

(2) 外包装上要印刷本公司的名称缩写 AF，缩写下面印刷目的港和订单号。此外，请标明"保持干燥""勿压"等指示性用语。

我们已在合同中就上述内容处做了脚注，并返还贵方一份我方已签署的合同。希望你方对包装特别留意。

…谨上

Dear Mr. Brown,

We thank you for your letter dated May18, enclosing the sales contract No. 998 in duplicate. But we note that the packing clause in the contract is not clear enough.

In order to avoid possible future trouble, we would like to make clear beforehand our packing requirements as follows:

The furniture under the captioned contract should be packed in wooden case. One set in a case, and each case is lined with foam plastic in order to protect the goods against press.

On the outer packing please mark our initials:AF, under which the port of destination and our order number should be stenciled. In addition, directive marks like KEEP DRY, and AWAY FROM PRESSURE should also be indicated.

We have made a footnote on the contract to that effect and are returning herein one copy of the contract, duly countersigned by us. We hope you will pay special attention to the packing.

Yours faithfully,

对于此任务，大部分同学根据自己的能力总结出了自己需要掌握的重点。同时教师引导学生关注下面几点。

整体上，可以看出本信件言辞礼貌，但同时又有力地表述了自己的要求。可见，书写商业信件首要的一点就是逻辑清晰地表述自己的需求。

第四章　创业导向下培养外贸跨境电商农业人才行动方案实施及监控

关注省略结构"One set in a case, and each case is lined with foam plastic",显然,这里前半句话"One set in a case"中省略了 is,如果补充完整,则为"One set is in a case"。

关注"We thank you for your letter dated May18, enclosing the sales contract No. 998 in duplicate.",此句中,enclosing 现在分词作后置定语;最后一段中"…one copy of the contract, duly countersigned by us." 中 countersigned 过去分词作后置定语修饰前面的名词。教师应强调非谓语作后置定语的用法在商业信件中非常常见。

第四段中,"under which the port of destination and our order number should be stenciled"为 which 引导的定语从句,注意介词经常位于 which 前面。注意被动语态的使用,如第三段中"The furniture under the captioned contract should be packed in wooden case.",第四段中 should be stenciled、should also be indicated 等。在本商业信件中,由于关注对象为包装以及标识,所以多使用强调客体的被动语态。第五段中,注意"In addition, directive marks like KEE DRY, and AWAY FROM PRESSURE should also be indicated." 通过 in addition 以及 also 与上一句形成连贯。

在语言点方面,关注 your letter dated May 18、"The furniture under the captioned contract"、be indicated 的表达,引导学生关注 on the contract to that effect、herein、duly 等在商业信件中的常用表达。

任务 2:请向客户留言,告知对方物品的包装情况:第一,请详细描述外包装方面,说明物品包装适合海运;第二,详细描述物品内包装,说明包装适合作为礼物送人;等等。留言内容要准确、简洁、礼貌。

对于此任务,同学们基本可以对于包装进行说明,但一些同学审题不仔细,只关注到外包装;也有一些同学礼貌用语使用较少,尤其是在留言最后没有使用,因此本留言最开始可以感谢客户进行购物,最后可以送上一些祝愿等。

任务 3:请翻译下面两段,并进行案例分析。

第一段选自中华人民共和国农业农村部网站《情怀"三农"新农人为乡村振兴注入新生力量》,作者李俊豪、曹栩宁。

"做农业需要情怀,我从小吃菠萝长大,对徐闻这片土地是有感情的。"

广东省湛江市徐闻县诺香园农产品专业合作社负责人陈如约说。他返乡从事菠萝行业超过 10 年，把分散经营的果农组织起来，已开发俄罗斯和吉尔吉斯斯坦两个市场，今年更实现了出口跨境电商"零的突破"，远销阿联酋迪拜，让徐闻菠萝香飘世界。

点评：对于此案例，教师引导学生关注"远销"可以翻译为 be sold as far as。

第二段选自中华人民共和国农业农村部网站《广东喊全球吃荔枝五大洲共尝鲜甜》，来源：南方日报。

5月 10 日，2021 年广东荔枝出口发车暨跨境电商启动仪式上，5 个货柜 100 吨、货值 300 余万元的广东荔枝运往加拿大，实现了跨境电商出口"零突破"。据广东泽丰园农产品有限公司介绍，利用跨境电商出口模式，荔枝在销售价格上比传统贸易出口翻了两番。

对于此任务，同学们基本都可以翻译出案例的主要含义。翻译案例的主要目的在于引导学生关注农业跨境电商个人成功案例以及农业跨境电商的价格优势，从而产生农业创业想法并在未来进行实施。

这两段新闻都是以学生非常熟悉的网上购物为引，能够使学生更加熟悉跨境电商。

（二）自我效能评估

教师引导学生评估自己是否掌握了关于包装的常用词汇，在口语以及在线即时交流中，是否可以在相关方面自如交流；在书面邮件交流中，是否可以简洁以及准确、礼貌地针对相关问题进行交流。

第十二节　培养投诉事项处理能力行动实施及监控

不是每一次交易都是完美的，往往会有各种原因导致交易无法顺利进行。作为卖家，应该设想好如果收到客户的投诉如何处理，卖方企业对投诉的良好态度会成为未来获得客户信任的基础,同样也是关乎企业未来发展状况的重要因素。

因此,学生将讨论如何处理客户的投诉。基于学生的讨论,教师引导学生明确作为出口企业,面对客户的投诉,无论在何种情况下,都要先安抚客户的情绪;然后启动各项程序快速调查事故原因;在事故原因得到确认后,尽最大努力对客户进行说明、安抚或者补偿。这是合格的客户服务应该具备的流程。接到客户投诉总是令人不快,但是处理投诉也是获得客户信任的重要机会。

行动目标:
- 掌握投诉处理相关表达。
- 礼貌、准确地基于投诉处理进行各种交流。
- 具有跨文化交际意识,基于客户的不同国家背景提出适合的投诉处理建议。
- 巩固被动语态。

行动实施:
- 相关表达。
- 写作范例。
- 翻译练习。
- 对话范例。
- 被动语态复习。

行动监控:
- 任务完成。
- 自我效能评估。

教学学时:5 学时。

一、行动实施

(一)相关表达

教师先根据教材引导学生掌握下面表达:

表达 1:"Complaints""Claims""Arbitration""Arbitration Body""Applicable Arbitration Rules""Validity of Arbitral Awards"。(以上表达选自《实用外贸英语》,pp.179-185)

表达 2："a partial refund""under guarantee""defective item""open a dispute""close a dispute""the original packaging""a full refund""a mix-up""leave out an item""faulty product""holiday shopping season""faulty packing""heavily damaged""cancel the dispute""quality control department""compensate for the loss""confirm the delivery""settle a dispute""refund terms""original payment account""refunds are issued…""payment will be released to your supplier""… processed manually"。（以上表达选自《跨境电商交际英语》,（pp. 148, 154, 161,165,166）

（二）写作范例

横线为笔者标出。

信件 1：选自《跨境电商交际英语》(p.167)。

  Hello,
  I'm really sorry to hear about the damaged condition of the product. I completely understand you being upset. This is definitely not what we want our customers to experience.
  I've forwarded your message to our shipping department. They'll want to read about your experience, and I'll make sure they take the necessary actions so this will not happen again with your future orders.
  I've requested a replacement order for you, free of charge. Since return shipping costs are higher, you don't need to return the damaged product. You can dispose of it any way you like.
  We're truly sorry, and hope we can work together in the future. We look forward to seeing you again soon.
                Best regards,
                   Mark

  教师引导学生注意此信件的内容以及功能。此信件为处理投诉的回复，也可以作为网上在线对客户的留言。首先是诚恳道歉，其次是解释原因并保证此类事件不再发生，最后是给出处理结果并再次道歉。表达方面，注意文中画横线部分表达。

第四章　创业导向下培养外贸跨境电商农业人才行动方案实施及监控

以下信件范例选自《实用外贸英语》（pp.187-189）。

信件2：

"Dear Sirs,

Thank you for your letter of...we were glad to know that the consignment was delivered promptly, but it was with great regret that we hear case No.1-92 did not contain the goods you ordered.

On going into the matter we find that a mistake was indeed made in packing, through a confusion of number, and we have arranged for the right goods to be dispatched to you at once. Relative documents will be mailed as soon as they are ready.

We will appreciate it if you will keep case No.1-92 and contents until called for by the local agents of World Transport Ltd., our forwarding agents, whom we have instructed accordingly. Please accept our many apologies for the trouble caused to you by the error.

Yours faithfully,

我们可以看出这是一封由于发货部分错误而向对方致歉以及说明处理事项的信件。

全文一共包含三段：第一段对客户投诉进行真诚的道歉，第二段具体说明事件发生的原因以及处理行为，第三段对后续处理进行说明并再次进行真诚的道歉。

首先，注意礼貌的表达句式，如"Thank you for your letter of...." "We will appreciate it if you ...."；表示道歉的句式，如"...it was with great regret that ...." "Please accept our many apologies for the trouble caused to you by the error."。

其次，关注被动语态，如"...a mistake was indeed made in packing...."。由于整个信件的关注点之一为被投诉事件发生的原因，因此对所犯的错误一定要使用被动语态进行强调。关注"if you will keep case ...until called for by ...."，此句中，教师引导学生关注called作为过去分词做伴随的用法，并且强调until作为连词可以置于分词前面进行特定关系的强调。在句式方面，强调最后一段"...agents, whom we have instructed accordingly."中由于先行词agents作后面从句中宾语，故使用whom作为关系代词引导定语从句。同

·153·

时关注第二段中"On going into the mater...."，on 作为 as soon as 的简洁用法，保证了商业信件用词的简洁性。

在词汇表达方面，关注 consignment、was delivered promptly、accordingly 等商业信件中常用的表达。

从整封信件来看，我们可以看出全文逻辑清晰简洁，除了道歉作为重点在首尾都有出现以表示真诚，全文无任何赘余信息以及冗余词汇表达。

信件3：

Dear Sirs,

We regret having to inform you that the Cottons Goods covered by our Order No. 6013 and shipped per s.s."PEACE"arrived in such an unsatisfactory condition that we can not but lodge a complaint against you. It was found, upon examination, that nearly 20% of the packages had been broken, obviously attributed to improper packing. Our only resource, in consequence, was to have them repacked before delivering to our customers, which inevitably resulted in extra expenses amounting to US$650. We expect compensation from you for this, and should like to take this opportunity to suggest that special care be taken in your future deliveries as prospective customers are apt to misjudge the quality of your goods by the faulty packing.

Yours faithfully,

首先，教师引导学生注意本封信件是一封对于包装问题引发的索赔的说明，教师可以在此再次强调包装的重要性。在此封信件中，进口商先陈述了包装问题所引起的损失，继而陈述了问题解决的方法以及需进行索赔，并对后期的相关方面提出了期待。

其次，教师引导学生注意用词礼貌和诚恳，如"We regret...." "We expect... and should like to take this opportunity to suggest that...."。要同时注意用词的坚定，如"having to inform...."中 having 表达了作为我方的无奈之举; in such an unsatisfactory condition that 使用 "such...that..." 句型强调了包装问题的严重程度; "...we can not but ..." 再次强调了作为我方，向你方进行投诉是唯一之选; "Our only resource, in consequence, was to...which inevitably resulted in extra expense amounting to US$650."表明了进行索赔是我方解决此次事件的唯一选择。

最后，基于证据对对方提出可行的建议，如 "…and should like to take this opportunity to suggest that special care be taken in your future deliveries as prospective customers are apt to misjudge the quality of your goods by the faulty packing."是站在潜在客户的立场建议卖方对于包装问题采取足够重视的态度。

语言点方面，要关注非谓语动词作后置定语的用法，如第一句中 "…the Cotton Goods covered…and shipped…arrived…"。还要关注分词作伴随的用法，如 "It was found, upon examination, that nearly 20% of the packages had been broken, obviously attributed to improper packing."先注意主语 it 作为形式主语的用法，其能够快速引出谓语 be found，一方面强调了谓语，另一方面也更易于读者快速理解，与 "Nearly 20% of the packages had been broken, obviously attributed to improper packing was found."相比，显然，前者更易于理解；此例句还通过省略语境中显而易见的主语 we，强调了本信件的重点，即包装所引发的问题；attributed to 过去分词作伴随，进一步解释原因，很显然 attributed to 的逻辑主语为前面的形式主语 it 即后面的真正主语——that 所引导的主语从句。同时注意 prospective customers 以及 are apt to 的表达。

信件4：

Dear Sirs,

...

Referring to our letter of November 22 on the above subject, we wish to inform you that the shipment in question was carefully examined by our experts at the time of shipment and was found to be in strict conformity with the provision in the contract as regards both quality and weight.

Under such circumstances we regret that we are not in a position to entertain your claim and trust that you will clearly see the way to treat the matter properly.

Yours faithfully,

很显然，上述信件是一封针对客户投诉进行详细调查后却发现不是本方责任故作出回应的信件。在此封信件中，教师先引导学生看到此信件的功能。虽然在跨境交易中，我们需要适当地处理投诉与纠纷以最大程度地赢得客户的信任，但是在调查清楚并不是自己公司的责任时，也要清楚指出。

在风格方面，虽然此封信件旨在指出自己公司毫无责任，但也仍需注意礼貌行文，如"we wish to inform you"和"we regret"，以及最后一句"you will clearly see the way to treat the matter properly."不仅语气坚定，还表达了对对方的信心。

在句式方面，第一段"Referring to our letter of... we wish to inform...."中referring现在分词作主句中逻辑主语we的伴随，表达准确而简洁。教师应引导学生关注解释事件过程中副词和形容词的使用，如第二段中"was carefully examined""be in strict conformity with the provision in the contract"中carefully和strict的用法，副词和形容词的使用更加强调了自己公司对合同的遵守以及对此投诉无须负责。

最后注意在商业信件中on the above、in question、as regards both quality and weight、under such circumstances的常用表达，同时注意短语entertain your claim 以entertain的原意映射出有利于对方的行为动作。

因此，此信件表达简洁，且逻辑清晰，使用合适的副词和形容词对事件进行了解释，强调了自己公司的立场，最后也表达了对对方公司的充分信任。

信件5：

Dear Sirs,

We are surprised to note from your letter dated September 9, that you are not prepared to consider our offer of 15% discount to compensate you for the defects in the goods supplied according to S/C No. 112.

Though we consider our offer adequate, and even very generous, we are prepared to admit that our views may not be all justified. At the same time, we regard with disfavor your threat to suspend business connection if we do not entertain your claim. We suggest that the dispute be settled by arbitration.

We shall be pleased to discuss with you where and how the

arbitration is to take place.
　　Yours faithfully,

　　我们可以看出这是一封针对对方投诉提出赔偿建议后被对方否决又进行回复的信件。虽然这是一封悬而未决的信件，并且作为发信方的卖方对对方的行为并不是很认同，但是可以注意到卖方企业的职业素养，信件仍然使用了礼貌的行文风格，如第二段中"we are prepared to admit that our views may not be all justified."，以及最后一段中"We shall be pleased to discuss with you，"。同时，我们也可以看出最后一句卖方给出了的对争端处理的建议。

　　注意使用合适的用词强调我方做法的合理性，如第一段中"We are surprised to note...."，第二段中"we consider our offer adequate, and even very generous...."；同时坚定表明我方立场，如"we regard with disfavor your threat to...."中disfavor和threat的使用。

　　注意建议中虚拟语气的使用，如第二段"We suggest that the dispute be settled by arbitration."中suggest所引导从句本应为should be，should被省略的用法。注意过去分词作后置定语的用法，如第一段中"your letter dated September 9"中的dated，"the goods supplied"中的supplied，分词作后置定语使表达更加简洁。同时，关注be justified、suspend business connection、entertain your claim、the dispute be settled by 的表达。

（三）翻译练习

其中横线为笔者所标。
翻译1：下面句子来自《跨境电商交际英语》（pp. 157, 164）。

• According to our survey report, the damage was caused by poor packaging.
据我们的调查报告显示，损坏是由于包装不当而引起的。

本句中，教师引导学生注意poor packaging的表达。

• We're sorry that our carelessness caused the shortage.
很抱歉，我们的粗心导致了货物短缺。

本句中，教师引导学生注意 shortage 的表达。

• We'll give you a $5 discount in your next order. Is it OK with you?
我们将给您下次的订单优惠5美元，可以吗？

本句中，教师引导学生注意 discount 的表达。
翻译2：下面句子来自《实用外贸英语》（pp.190-191）。

• 非常遗憾地通知你方，发给我方的货物没有达到规定的标准。
We are sorry to inform you that the goods forwarded to us are not up to the standard prescribed.

教师引导学生注意本句中 forwarded 与 prescribed 作为非谓语过去分词作后置定语修饰前面中心语；同时注意 the standard prescribed 的表达。

• 这并非第一次延误交货，而且此类情况的发生有增无减。这迫使我方感到，除非你方有所改进，否则我方难以与你方继续长久的贸易往来。
This is not the first time to delay delivery, and the frequency of the occurrence is on the increase. That compels us to feel difficult to continue our business for long unless the cooperation is improved from you.

首先，教师引导学生关注"此类情况的发生有增无减"翻译为"the frequency of the occurrence is on the increase"的增词和减词行为。因为很容易推测出"发生（的事）"指的是"此类情况"，所以"此类情况"在翻译中被省略了；但是为了强调原文中所隐含的"频率"一词，增加了词汇 frequency。教师要强调在表达中，为了表达的准确性，增词和减词是经常有的现象。其次，教师强调本句中被动的使用，如"除非你方有所改进"表达为"unless the cooperation is improved from you"，由于本句主要强调的是对方的行为，和"unless you make improvements"相比，原翻译增加了"cooperation"词汇并进行了被动表达，因此使用被动对客体进行强调能够使得表达更加清晰。最后，教师强调 on the increase 通过 on 强调事物发生的连续性，以及"be compelled to do..."表达上的正式性。

- "宁波"号货轮于5月24日抵达本港，由于运来的童鞋数量短缺，特向贵方提出索赔。

Claim is filed for shortage of Kid Shoes shipped on board s.s. "Ningbo" which arrived here on May 24.

在本句中，教师引导学生关注被动的使用，由于本句重点在"索赔"，所以使用了claim作为主语进行强调，并且把原句子的最后一部分作为主句，而把原句中的主句之一使用shipped转化为后置定语，再使用which引导的定语从句将原句谓语之一转化为定语从句。因此，教师强调在表达过程中，只要意义准确，中英文的句式是可以自由切换的。

- 由于给你们带来了不便，我们冒昧地多寄去了一打免费的棉枕套，作为一点补偿。

We are taking the liberty of sending you an extra dozen of cotton pillowcase, at no cost, as small compensation for your inconvenience.

教师可启发学生观察汉语原句，很明显，汉语原句是由三个小短句构成，但是在翻译的过程中，我们必须找到主句，找到英语句子的结构。在本句中，我们可以看到，要翻译为英语，主句应为"我们冒昧地多寄去了一打免费的棉枕套"，目的是"作为一点补偿"，原因是"由于给你们带来了不便"，因此英语句子的结构为"We are taking the liberty of... as....for...."。同时，应关注时态的使用，本句使用了现在进行时，强调"我们"现在正在做的事情，与"We will take the liberty of sending you....."相比，显然，使用现在进行时能够更加强调进行补偿的诚意。还要关注"take the liberty of..."以及extra的表达。

翻译3：下面句子来自于《实用外贸英语》(pp.194，296)。

- 对所装货物的任何异议若属于保险公司、轮船公司及其他运输机构责任的，我方不负任何责任。

We shall not be liable for any discrepancy of the goods shipped due to causes for which the Insurance Company, Shipping Company or other transportation organizations are liable.

在本句中，教师引导学生关注翻译为目的语时次序的变化，"We shall not be liable for..."置于句首更加强调"我方"的立场，同时关注 discrepancy 的表达以及 for which 引导定语从句的用法。

• In case of quality discrepancy, claim should be lodged within 30 days after the arrival of the goods at the port of destination, while for quantity discrepancy, claim should be lodged within 15 days after the arrival of the goods at the port of destination.

品质异议须于货到目的口岸之日起 30 天内提出，数量异议须于货到目的口岸之日起 15 天内提出。

本句中，教师启发学生关注句子整体风格和语言表达。整体上，句子通过 while 对比引出所关注的两个方面即"质量问题"和"数量问题"，注意 while 所引导的对比及平行结构；注意被动表达，如"claim should be lodged..."中被动语态对整句关键词 claim 的强调；注意使用名词 arrival 所带来的强调，比较相似意义翻译 "after the goods at the port of destination arrive"；注意 in case of 作为某种状态的表达、quality discrepancy 的表达以及 be lodged 的常用搭配动词。

• Should the responsibility of the subject under claim be found to rest on the part of our company, we shall send our reply to the you together with suggestion for settlement within 20 days after receipt of your claim.

如属我公司责任，我们会在收到你方索赔 20 天内答复并提出处理意见。

本句中，教师引导学生关注 should 引导的虚拟倒装条件从句，完整结构为"If the responsibility of the subject under claim should be found to...."，本句将 should 置于句首进行强调；注意通过被动 be found to 对 responsibility 的强调；注意"after receipt of your claim"中 receipt 作为名词对 receipt 的强调，比较相似意义翻译 after your claim is received；注意 the subject 在翻译时做了减词处理；注意 under claim、rest on 以及 for settlement 的表达。

（四）对话范例

下面对话选自于《实用外贸英语》（p.192），横线部分为笔者标出。

I hope we can settle the problem in a pleasant way.

Feng is complaining to Morgan.

Feng:Good morning, Mr. Morgan. I guess you may know why I come here today.

Morgan:Yes, I've read your email. You complained that the last shipment of fertilizer arrived in a very bad condition and nearly 200 bags were seriously broken.

Feng:Yes. That's true.

Morgan:I hope we can settle the problem in a pleasant way.

Feng:Obviously it was due to inadequate packing.

Morgan:Our company has always been careful in its packing, and never before has such a thing occurred. Perhaps this damage took place en route to the buyer?

Feng:I don't think the shipping company is responsible for the claim. It is stipulated in the contract that new gunny bags are used in packing, but to our regret, you used 200 second-hand bags. It was reported that poor packing caused the breakage and no other person.

Morgan:This is really unbelievable. If so, we'll settle the problem in accordance with the contract and help you out of your trouble.

Feng:I'm glad to hear that. We expect a compensation of RMB 3,500 of repacking fees.

Morgan:Please send us a letter of confirmation and a copy of your survey report. It'll be solved soon if your claim is well grounded.

Feng:OK. We'll send you the report and the confirmation letter as soon as possible."

针对上面对话，教师启发学生从对话内容、对话风格以及语言表达三个方面学习重点内容。

第一，在对话内容上，本对话为先呈现问题，然后卖方作出解释，买方否定卖方的解释并指出真正的原因所在，最后双方对问题解决达成初步方案。

第二在语言风格上，其一，语言表达婉转，例如，"I hope we can settle the problem in a pleasant way." "I'm glad to hear that." "Please send us....";其二，语言表达简洁而直接，如使用副词明确指出问题 "Obviously it was due to...." "I don't think...." "it is stipulated...." "to our regret" "It was reported...."，尤其是通过 "It was reported..." 呈现证据，令人信服。因此，当令人不愉快的问题出现时，无论是卖方还是买方，都一定要有证据意识，通过呈现证据，厘清责任承担方，通过承担责任接受教训或者索赔避免本方的损失。

第三，注意语言表达的简洁性，如 due to。

第四，语言点方面注意 it 做形式主语引导的主语从句。例如，"It is stipulated in the contract that new gunny bags are used in packing, but to our regret, you used 200 second-hand bags." 通过以 it 作为形式主语，强调了后面主语从句中合同的内容；"It was reported that poor packing caused the breakage and no other person." 先通过 reported 显示出了自己证据的权威、令人信服，又通过形式主语 it 同样强调了后面的调查原因。

第五，注意 inadequate packing 以及 well grounded 所体现出的证据意识。

（五）被动语态复习

被动语态的使用是非常常见的。因此，被动语态的掌握也是必须的。被动语态的构成非常简单，即"宾语 + 动词的被动形式 +by+ 主语"。被动语态主要应用于以下几种情况。

1. 强调宾语

The containers with apples in them will be shipped to Thailand in one month.

此句中，the containers with apples in them 是要重点强调的部分，因此要把它放在最前面予以强调。

比较：We will ship the containers with apples in them in one month.

比较被动句与非被动句，我们可以看出被动句明显强调了 the containers。

2. 主语不太明确时

It is said that the goods will be shipped to this city as soon as possible.

此句中，我们可以看出，"...the goods will be shipped to this city as soon as possible" 这个事实我们并不太确定到底是谁说的，因此使用 it is said 被动语态。it 实际是一个形式主语，真正的主语是 "...that the goods will be shipped to this city as soon as possible..."。

3. 主语不太重要时

The document has been handed in to the committee.

我们可以看出在此句中，重要的是"文件被交到委员会了"，至于是何人交到委员会的，在很多语境中，并不是大家所关心的。

4. 主语泛指时

当主语是 we、they、you、everyone 等表泛指的词或不定代词时，我们常常使用被动语态。

例句 1: The environment needs to be protected.
例句 2: Your compositions should be handed in tomorrow.

从例句 1，我们可以推测出 "The environment needs to be protected by everyone/us."。因此，虽然此句中，并没有出现主语 everyone 或者 us，但是我们可以根据上下文推测出主语。例句 2 的语境也暗示了主语必定是 you（此处泛指"你们"）。因此，当主语隐含在语境中时，我们往往省略掉主语而对宾语进行强调。

5. 当主语被故意隐去或者不便出现时

It is said that she had a poor relationship with her husband.

此句中，我们可以看出，主语不出现有两种有可能的语境。第一种语境是说话者确实只是听说，他并不了解谁是真正的主语，因此隐去主语可以有效避免显示出说话者对真正主语的不了解；第二种语境是说话者知道真正的

·163·

主语是谁,但是鉴于话题的隐私性,故意隐去了主语,从而成功地隐去了事实传播者并对事实进行传播。

6.it 相关被动语态句型

在正式文体的被动语态中,当主语并非特别强调或者不太明确时,我们经常使用 it 作为形式主语的被动语态。

例如:It is widely believed that he will run the company as the executive.

比较:We/People/They believed that he will run the company as the executive.

通过对这两句的比较,我们很容易可以看出在第一句中作为形式主语的 it 被强调,通过 it,强调成功传导到了后面真正的主语,从而对主语从句即被相信的事实进行了强调。

学生练习编写被动语态句式,与同伴以及教师进行讨论。

二、行动监控

(一)任务完成

假设你是一家熟肉制品公司负责人,东南亚客户准时收到了货,但是留言告知你小部分真空包装袋出现漏气情况,请你及时回复客户留言,向客户道歉、解释、提出合理的赔偿并尽量显示出诚意以促进未来进一步的合作。

针对此任务,同学们基本都可以做到礼貌而且合理地处理投诉,也可以合理使用被动语态;但结尾应再次道歉显示诚意,在道歉时也应注意查阅客户所属国的文化背景。

(二)自我效能评估

教师指导学生进行自我效能评估:在词汇表达方面,是否已掌握投诉的相关表达;在语法方面,是否能自如使用被动语态进行表达;无论是口语还是书面信息方面,是否能准确、礼貌、简洁地基于对方文化背景与对方进行交流。

第十三节　培养反馈事项处理能力及案例分析行动实施及监控

行动目标：
- 学习关于顾客评价、反馈以及作为商家给出回应的相关表达。
- 具有跨文化交际意识，学习如何与不同文化背景的客户进行商务贸易合作，鼓励客户在网络上给出正向评价。

行动实施：
- 相关表达。
- 听力策略。
- 对话范例。
- 写作范例。
- 行动监控。
- 任务完成。
- 自我效能评估。

教学学时： 2 学时。

一、行动实施

（一）相关表达

教师引导学生掌握下列表达，下列表达选自《跨境电商交际英语》（pp.174,180,188）。

anonymous comment, continuous support, negative feedback, store performance, prompt payment, customer review, detailed seller ratings, positive comment, ensure the delivery, offer quality products, feedback abuse, concerns and frustrations, vice versa, in terms of.

（二）听力策略

首先，学生需要具备听出主要细节的能力。为了听出主要细节，学生需要先关注重复次数较多的关键词以及相应的同义词。一方面，主要细节是基于主要意义的；另一方面，主要细节与主要意义是处于一个逻辑链条上的，它们与主要意义总是存在着各种各样的逻辑关系。例如，在外贸交易中，如果主要意义为客户因没有及时收到货物而进行投诉，那么听力材料的主要细节则可能为承诺货物收货的大约时间、货物已经晚到多少天、货物晚到的原因、相应的解决方案以及相应的赔偿方案。教师可引导学生以思维导图的形式找出逻辑链条上的相应逻辑关系：对客户感情上的安抚、投诉的原因为货物比原定时间晚到以及晚到多少天、投诉引发的结果为着手调查货物晚到的原因、相应的解决方案以及赔偿措施。因此，为了获得主要细节，学生需要关注主要意义，在关注主要意义的基础上获得主要细节将更为有效。

其次，在听力过程中，学生需要具备不断预测的能力。例如，在外贸交易中客户由于没有及时收到货物而进行投诉，学生从听力材料中获得主要意义后，就可以在听力过程中进行预测，结合常识预测其原因，对客户的道歉、安抚、相应的解决方案，以及客户的主要诉求，等等。当预测与实际听力材料内容相吻合时，听者获得主要细节会更加容易。

最后，为了听出主要细节，做笔记的能力也是非常重要的，教师引导学生快速记录如名词、动词、数词以及相关专有名词等蕴含丰富内容的词汇。

（三）对话范例

其中横线为笔者所标。

对话1：本段对话选自《跨境电商交际英语》（p.175）。

(*A Chinese seller is contacting a buyer after the package has been delivered.*)

Seller:Dear Madam, thanks for shopping with us. We learned from the <u>delivery status</u> that the package was delivered on November 5th. Did you get the package?

Buyer:Yes, I got it last Saturday. Thank you.

Seller:Our pleasure. We'd like to know if you're satisfied with the bag.

第四章　创业导向下培养外贸跨境电商农业人才行动方案实施及监控

Buyer:I'm quite happy with the product. The color goes well with the stroller. Everything's good <u>so far</u>.

Seller:Good to know that. <u>Now would you kindly post some positive feedback</u>?

Buyer:Don't worry. I'll make a good <u>customer review</u>.

教师引导学生关注此段对话的内容以及功能，启发学生如何邀请客户进行积极反馈：首先感谢对方购物，其次询问货物签收状态，再次礼貌询问客户对于此次购物的满意程度，最后邀请对方进行积极评价。表达方面，注意使用能够实现上述功能的相应表达并注意上述对话中画横线的部分。

对话2：本段对话选自《跨境电商交际英语》（p.189），省略了其中一部分内容。

Seller:Hi, Madam. Thanks for buying from us. We noticed you gave neutral feedback (3 stars). We'd like to know if there was anything wrong with the purchase.

Buyer:….

Seller:I see…. We always try our best to do our part. I'm so sorry that you had to wait such a long time. Is it possible for you to give us more positive feedback?

Buyer:…

Seller:Sorry for the inconvenience, my friend. How about we refund you a $1 credit? Would you reconsider your feedback?

Buyer:Well, in that case, I will.

Seller:Thanks very much.

教师引导学生注意本段对话的功能，启发学生掌握如何邀请客户更改评论以及相关表达：首先对客户购物表示感谢，其次询问客户进行此评论的原因，再次对客户的不满之处进行详细解释并表示诚挚的歉意，最后邀请客户修改评论。注意always强调"我们一贯的服务"，had to强调对客户的同情以及理解。

（四）写作范例

本写作练习选自《跨境电商交际英语》（p.194），其中横线为笔者所标。

  Hello,
  Would you please take a moment to <u>post some positive feedback</u> about our products and services?It may take a few minutes to write a product review, but it would be really helpful for our customers.
  Thank you very much.

  Sincerely,
  David

从上面的写作练习我们可以看出，请求对方进行评价时要简洁、用词准确，最重要的是显示出礼貌与诚意。

二、行动监控

（一）任务完成

任务1：假设你是一家网上商铺负责人，请你发信息给一位刚购买过商品的北欧客户，询问他对产品的满意度，如果满意的话，就非常真诚地邀请他给出好评；如果有不满意的地方，就请他及时反馈给你，并及时给出解决办法，最后再一次诚挚地感谢对方并希望未来长久合作。

对于此任务，同学们基本可以就产品评价反馈事项进行适当的交流，很多同学写得很真诚，如通过赠送小礼物等邀请客户评论。但仍然存在一些问题，如 high praise，这种是错误的。同时教师要强调在进行对话前应对客户所属国家的文化进行一定了解，从而能够以合适的方式邀请对方进行反馈。

任务2：下面文字选自中华人民共和国商务部网站《山区市的外贸逆袭之路》，来源：福建日报。请进行翻译。

  据了解，跨境电商产业已经成为龙岩新的经济增长点。目前，龙岩跨境电商生态圈已注册企业60余家，入驻企业达20多家，龙岩有机茶、永定活性炭、长汀竹制品、漳平树脂工艺品与永福高山茶、武平电子电路板、连

第四章　创业导向下培养外贸跨境电商农业人才行动方案实施及监控

城赛特真空绝热板及竹木配件等企业，都已陆续开展跨境电商业务，去年实现跨境电商交易额超 10.8 亿元。

………………

数据显示，今年 1 月，龙岩跨境电商出口货物 21.38 万票，贸易额 1153 万美元，实现"开门红"。

评价反馈：对于此案例，同学们基本可以翻译出主要含义。教师强调对"龙岩跨境电商生态圈已注册企业 60 余家，入驻企业达 20 多家"应进行增词翻译，即"In Longyan cross-border electrical business ecological circle, there are as many as twenty entrepreneurs and sixty companies that have been registered."，增加"there are"，同时注意"that have been registered"使用现在完成时态对动作完成进行强调。对于最后一句"数据显示，今年 1 月，龙岩跨境电商出口货物 21.38 万票，贸易额 1153 万美元，实现'开门红'"，可以使用现在分词作伴随的结构，翻译为"Longyan cross-border electrical business exported goods of 21,380,000 orders and the trade is worth 11.53million dollars, thus achieving the prosperous opening."，翻译"开门红"时，由于文化存在差异，宜实行意译，或者采取直译附加解释的方法。

此案例主要从学生非常熟悉的电子商务视角进行介绍，能够加深学生印象，翻译此案例够能使学生更加关注农业跨境电商的发展，提升基于跨境电商的外贸农业创业的信心。

（二）自我效能评价

教师指导学生进行自我效能评价：在词汇表达方面，是否已掌握评价反馈的相关表达；无论是口语还是书面信息方面，是否都能准确、礼貌、简洁地与对方进行评价相关交流；是否具有了解客户国家文化的意识。

第十四节　基于案例分析培养外贸农业创业精神行动实施及监控

行动目标：
- 进行翻译或者写作以进行基础英语的巩固。
- 在翻译或者写作过程中潜移默化地影响同学们对于农业以及对于外贸跨境电商创业等的认知。

行动实施：
- 案例学习。

行动监控：
- 任务完成。

教学方法： 采用翻译或写作等的方式进行案例介绍。
教学学时： 8学时。

一、行动实施

（一）案例学习

案例1：选自阿里巴巴国际中西部网站《93年妹子另类卖花年入400万，生意做到40个国家》。

永生花最早出现在20世纪的德国，多使用玫瑰、康乃馨、蝴蝶兰等品类的鲜切花，经过脱水、脱色、烘干、染色等工序制作而成。1993年出生的许兆英2015年大学毕业后选择了永生花进行创业。对于刚毕业一年的她来说，自主建厂资金压力太大，设备技术条件也不成熟，她决定通过与工厂合作采购永生花、自己设计组装的形式，在互联网上销售永生花。2016年10月，许兆英拉着几个朋友，成立了云南夏花贸易有限公司，通过互联网掘金海外市场，将中国的玫瑰花卖向了40多个国家。2018年，他们卖出了400万元的永生花，相当于42万朵玫瑰花鲜切花。

第四章　创业导向下培养外贸跨境电商农业人才行动方案实施及监控

对于此案例，注意对于"经过脱水、脱色、烘干、染色等工序制作而成"的翻译需要使用 such as 进行列举，即翻译为"after such processes as…"；同时案例中第一句话由三个小短句构成，结构较为复杂，教师要带领学生分析结构，得出翻译为"Firstly appearing in Germany, the immortal flowers are made of…after such processes as"。

让学生翻译此案例的主要目的在于潜移默化地引导学生通过了解与自己相似的主人公的经历视角关注大学生通过跨境电商创业，从而给学生留下更深的印象，激发他们进行外贸农业跨境电商创业的愿望。

案例2：选自中华人民共和国海关总署网站《助出口农产品打通电商新通道——青岛海关发挥贸易新业态优势助推外贸高质量发展》。

2021年9月5日，在青岛海关监管下，满载29吨保鲜大蒜的集装箱在青岛港装船发往东盟市场。这批大蒜是济宁内陆港首票以"跨境电商+转关"模式申报出口的货物，也标志着以济宁大蒜为代表的山东内陆地区农产品将以更便捷的跨境电商新模式实现出口新突破。金乡县宏添果蔬有限责任公司是济宁市首家通过跨境电商模式开展出口的企业，"与一般贸易相比，跨境电商模式下，我们可以直接对话海外客户，国际贸易中间流通环节减少了，企业利润也提高了。"公司总经理周可占介绍。

对于此案例，教师先引导学生注意第一句话中"满载"翻译为 full load；"与一般贸易相比，跨境电商模式下，我们可以直接对话海外客户，国际贸易中间流通环节减少了，企业利润也提高了"此句子短句较多，学生要注意句子结构，引导学生翻译为"Compared with…under the mode of…we could directly communicate with the foreign customers so that the number of intermediate links is decreased and thus the profit is increased."，注意对 number 进行增词以准确表达含义。

翻译此案例的主要目的在于从学生目前非常熟悉的电商视角入手，潜移默化引导学生关注农业跨境电商的优势，从而使学生印象更深，激发他们进行农业跨境电商创业的内在愿望。

二、行动监控

（一）任务完成

以下材料节选自中华人民共和国农业农村部网站《2021年度"全国十佳农民"揭晓》，请问你对哪位印象最深刻？请用英语写作说明原因。

王颖

女，1992年11月出生，汉族，中共党员，本科学历，辽宁省朝阳市朝阳县木头城子镇十家子村党支部书记兼主任。利用"党支部＋合作社＋基地＋电商＋贫困户"的"5+"模式，带动百姓脱贫致富。流转土地1万余亩，建设40栋冷棚葡萄园，产品加工基地4万平方米。通过土地入股合作社等方式，让农户享受股份制分红。利用互联网拓宽品牌影响力，带动20余名大学青年返乡。曾获中国关工委全国1000名"双带"农村致富青年先进个人、辽宁省优秀共青团员等荣誉。

尤良英

女，1970年4月出生，汉族，中共党员，初中文化，新疆生产建设兵团第一师阿拉尔市十三团十一连蒲公英农庄农民，阿拉尔市边疆红果品农民合作社法定代表人。带领少数民族同胞利用网络、新媒体等渠道销售红枣，实现增收创收。利用"屯垦沙漠一棵树"枣树认养项目带动社员就业，实现一二三产业融合发展。曾获全国五一劳动奖章、全国道德模范、全国三八红旗手、全国三八红旗手标兵、五一巾帼标兵、全国基层民族团结优秀代表等荣誉。

张继新

男，1977年5月出生，汉族，中共党员，本科学历，内蒙古自治区巴彦淖尔市杭锦后旗陕坝镇中南渠村党支部书记，内蒙古旭一牧业有限公司总经理。创建巴彦淖尔市肉牛养殖园区，养殖存栏奶牛8000余头，日产鲜奶120吨，直接带动周边1000余户农民加入奶牛、肉牛养殖业，带动1500户农民种植饲草。曾获全国劳动模范、全国优秀党务工作者、全国农村青年创业致富带头人、内蒙古自治区农村牧区杰出实用人才等荣誉。

董敏芳

女，1977年6月出生，汉族，中共党员，本科学历，湖南省岳阳市岳阳县筻口镇潼溪村农民，岳阳县丰瑞农机专业合作社理事长、岳阳县润升

第四章 创业导向下培养外贸跨境电商农业人才行动方案实施及监控

水稻专业合作社理事长。2013年返乡创业，创建900亩智慧农业示范基地，合作社总投资4000万元，流转土地5590亩，服务周边5万亩水稻田，带领社员户均增收3000元以上。曾获全国巾帼建功标兵、湖南省十佳农民、湖南省三八红旗手、湖南省最美最扶贫人等荣誉。合作社曾入选"湖南农民合作社100佳"。

对这几段文字的选择主要旨在以特别的方式呈现现代农民的经历，从而打破学生对传统农民的认知偏见，加深学生印象，使其未来愿意投身农业领域并能够为此感到自豪。

写作一方面可以激发学生认真阅读案例的积极性；另一方面能够使学生实现基于语言工具的内容学习。对于此任务，同学们基本可以用英语完整表达自己对于材料中几位人物的认知，很多同学的文字体现了对榜样的崇拜之情。可以看出，让学生阅读此类案例可以帮助他们树立新的榜样，激发他们的农业创业热情，从而在具备外贸英语技能的基础上积极进行外贸农业创业。因此，"阅读+写作"可以作为案例引导的一种方式。

第五章　行动方案效果评价及总结

第一节　行动方案效果评价

行动方案即实验课程结束后，再一次进行问卷调查，以评价行动方案效果，问卷与行动方案中行动实施前第一次问卷（第一份问卷）相同，回收有效问卷46份，调查结果如表5-1所示。

表5-1　实验后第三次问卷结果

题　目	选项A	选项B	选项C	选项D	选项E
您的专业和农业相关吗？ A. 相关　B. 有一点相关 C. 不确定　D. 不相关 E. 完全不相关	58.70%	21.74%	6.52%	13.04%	0%
您认为目前农业发展： A. 好　B. 一般 C. 不确定　D. 落后 E. 非常落后	43.48%	52.17%	4.35%	0%	0%

续表

题　目	选项 A	选项 B	选项 C	选项 D	选项 E
您认为农业发展前景： A. 好　B. 一般　C. 不确定 　D. 不好　E. 非常不好	82.61%	13.04%	4.35%	0%	0%
总体来说，您认为农业相关工作收入： A. 高　B. 一般　C. 不确定 　D. 低　E. 非常低	10.87%	56.52%	17.39%	15.22%	0%
您认为农业相关工作除收入以外其他各方面条件总体上： A. 好　B. 一般　C. 不确定 　D. 不好　E. 非常不好	23.91%	50.00%	10.87%	15.22%	0%
您希望未来在农业相关领域就业吗？ A. 希望　B. 有一点希望 C. 不确定　D. 不希望 E. 完全不希望	34.78%	30.43%	30.43%	4.35%	0%
您希望未来在农业相关领域创业吗？ A. 希望　B. 有一点希望 C. 不确定　D. 不希望 E. 完全不希望	26.09%	30.43%	36.96%	6.52%	0%
您希望未来在外贸农业相关领域创业（农业相关产品等出口）吗？ A. 希望　B. 有一点希望 C. 不确定　D. 不希望 E. 完全不希望	21.74%	47.83%	23.91%	6.52%	0%

对于开放性问题"关于您的上述第五个问题（您认为农业相关工作除收入以外其他各方面条件总体上 A. 好 B. 一般 C. 不确定 D. 不好 E. 非常不好）回答，您可以具体说一下其他各方面条件主要指的哪些方面条件吗？"答案

主要集中在以下方面："工作环境""发展前景""福利""劳动强度""工作认同感""工作保障""管理制度""精神生活""国家政策""人才培养"。

另外，从上述数据来看，"E"的选项全部为"0%"，这也说明参与问卷调查的青年学生对农业的认知没有完全否定。

表格前第一次问卷与实验后第三次问卷结果数据比较如图5-2至表5-5所示。

表5-2 实验前第一次问卷与实验后第三次问卷结果数据比较

题 目	次 数	选项A	选项B	选项C	选项D	选项E
您的专业和农业相关吗？ A. 相关 B. 有一点相关 C. 不确定 D. 不相关 E. 完全不相关	第一次	19.61%	23.53%	9.80%	37.25%	9.80%
	第三次	58.70%	21.74%	6.52%	13.04%	0%
您认为目前农业发展： A. 好 B. 一般 C. 不确定 D. 落后 E. 非常落后	第一次	34.62%	57.69%	1.92%	5.77%	0%
	第三次	43.48%	52.17%	4.35%	0%	0%
您认为农业发展前景： A. 好 B. 一般 C. 不确定 D. 不好 E. 非常不好	第一次	69.23%	25.00%	3.85%	1.92%	0%
	第三次	82.61%	13.04%	4.35%	0%	0%
总体来说，您认为农业相关工作收入： A. 高 B. 一般 C. 不确定 D. 低 E. 非常低	第一次	9.62%	50.00%	15.38%	25.00%	0%
	第三次	10.87%	56.52%	17.39%	15.22%	0%
您认为农业相关工作除收入以外其他各方面条件总体上： A. 好 B. 一般 C. 不确定 D. 不好 E. 非常不好	第一次	21.15%	38.46%	19.23%	21.15%	0%
	第三次	23.91%	50.00%	10.87%	15.22%	0%

续 表

题 目	次 数	选项A	选项B	选项C	选项D	选项E
您希望未来在农业相关领域就业吗？ A. 希望　B. 有一点希望 C. 不确定　D. 不希望 E. 完全不希望	第一次	21.15%	23.08%	32.69%	21.15%	1.92%
	第三次	34.78%	30.43%	30.43%	4.35%	0%
您希望未来在农业相关领域创业吗？ A. 希望　B. 有一点希望 C. 不确定　D. 不希望 E. 完全不希望	第一次	15.38%	19.23%	40.38%	21.15%	3.85%
	第三次	26.09%	30.43%	36.96%	6.52%	0%
您希望未来在外贸农业相关领域（农业相关产品等出口）创业吗？ A. 希望　B. 有一点希望 C. 不确定　D. 不希望 E. 完全不希望	第一次	17.31%	25.00%	44.23%	13.46%	0%
	第三次	21.74%	47.83%	23.91%	6.52%	0%

表5-3　实验前第一次问卷与实验后第三次问卷呈现积极结果综合比较

题 目	选 项	第一次	第三次
您的专业和农业相关吗？	"相关"和"有一点相关"	43.14%	80.54%
您认为目前农业发：	"好"	34.62%	43.38%
	"落后"和"非常落后"	5.77%	0%
您认为农业发展前景：	"好"	69.23%	82.61%
	"不好"和"非常不好"	1.92%	0%
总体来说，您认为农业相关工作收入：	"高"	9.62%	10.87%
	"低"和"非常低"	25.00%	15.22%

续表

题　目	选　项	第一次	第三次
您认为农业相关工作除收入以外其他各方面条件总体上：	"好"	21.15%	23.91%
	"不好"和"非常不好"	21.15%	15.22%
您希望未来在农业相关领域就业吗？	"希望"	21.15%	34.78%
	"有一点希望"	23.08%	30.43%
	"不希望"和"完全不希望"	23.07%	4.35%
您希望未来在农业相关领域创业吗？	"希望"	15.38%	26.09%
	"有一点希望"	19.23%	30.43%
	"不希望"和"完全不希望"	25.00%	6.52%
您希望未来在外贸农业相关领域（农业相关产品等出口）创业吗？	"希望"	17.31%	21.74%
	"有一点希望"	25.00%	47.83%
	"不希望"和"完全不希望"	13.46%	6.52%

表5-4　实验前第一次问卷与实验后第三次问卷正向结果比较

题　目	选　项	第一次	第三次
您认为目前农业发展：	"好"	34.62%	43.38%
您认为农业发展前景：	"好"	69.23%	82.61%
总体来说，您认为农业相关工作收入：	"高"	9.62%	10.87%
您认为农业相关工作除收入以外其他各方面条件总体上：	"好"	21.15%	23.91%
您希望未来在农业相关领域就业吗？	"希望"	21.15%	34.78%
	"有一点希望"	23.08%	30.43%

续 表

题 目	选 项	第一次	第三次
您希望未来在农业相关领域创业吗？	"希望"	15.38%	26.09%
	"有一点希望"	19.23%	30.43%
您希望未来在外贸农业相关领域（农业相关产品等出口）创业吗？	"希望"	17.31%	21.74%
	"有一点希望"	25.00%	47.83%

表5-5 实验前与实验后负向结果比较

题 目	选 项	第一次	第三次
您认为目前农业发展：	"落后"和"非常落后"	5.77%	0%
您认为农业发展前景：	"不好"和"非常不好"	1.92%	0%
总体来说，您认为农业相关工作收入：	"低"和"非常低"	25.00%	15.22%
您认为农业相关工作除收入以外其他各方面条件总体上：	"不好"和"非常不好"	21.15%	15.22%
您希望未来在农业相关领域就业吗？	"不希望"和"完全不希望"	23.07%	4.35%
您希望未来在农业相关领域创业吗？	"不希望"和"完全不希望"	25.00%	6.52%
您希望未来在外贸农业相关领域（农业相关产品等出口）创业吗？	"不希望"和"完全不希望"	13.46%	6.52%

从上述结果我们可以看出以下内容。

对于专业相关性，大约80.44%的同学选择自己的专业和农业有一定的相关性（"相关"和"有一点相关"），这与第一次问卷的约43.14%相比，有了相当大的提高。原因可能是有一些同学在第一次问卷后对自己的专业进行了更深入的了解，而且在实验课程中，教师也引导学生对自己的专业进行思考,如何能向案例中一样利用所学知识成功涉农创业"。由此,此问题也可以看作是关于对农业的认知的,对农业的认知越高,越趋向于与农业一体化;相反,对农业认知越低,越想远离农业。而且,从数据中可以看出,高达约80.44%的同学认为自己的专业与农业有一定相关,所以实验结果反映了专业与农业有一定相关的同学的认知。

从对于"目前农业发展""农业发展前景""农业相关工作收入""农业相关工作除收入以外其他各方面条件总体上"这四道题的选择上可以看到,对正向选项("A")的选择,第三次与第一次相比百分比都有所增加;而对负向项选("D"和"E")的选择都有所减少。这说明了实验课程对学生产生了较正向的影响。

从对于"在农业相关领域就业""未来在农业相关领域创业""未来在外贸农业相关领域创业",这三道题的选择上可以看到,对正向选项("A"与"B")的选择,第三次与第一次相比百分比都有所增加,说明第一被研究者相关创业愿望被激发;第二相关自我效能提升,相信自己有能力进行相关创业并进行创业成功,创业方面的信心有所提升;第三外贸跨境电商技能的掌握也提升了被研究者外贸相关创业的信心。同时这三道题中,对于负向选项("D"和"E")的选择都有所减少,尤其是在第三次的数据中,对"E"("非常不希望")的选择为"0%",体现了实验课程的影响。

从开放性问题的回答来看,实验前第一次问卷结果与实验后问卷结果相差不大。

将以上相关数据输入 SPSS 进行配对样本 T 检验:

农业认知正向比较(第一次问卷结果 1~8 中 A 选项比例之和与第三次问卷结果 1~8 题中 A 选项比例之和比较)结果如表 5-6 至表 5-8 所示。

表 5-6 成对样本统计量(第一次与第三次问卷结果中 A 选项相比)

样	本	均值	N	标准差	均值的标准误
对 1	实验前	.260087	8	.1885137	.0666497
	实验后	.377725	8	.2329723	.0823682

表 5-7　成对样本相关系数（第一次与第三次问卷结果中 A 选项相比）

样　本	N	相关系数	Sig.
对 1　实验前 & 实验后	8	.859	.006

表 5-8　成对样本检验（第一次与第三次问卷结果中 A 选项相比）

样　本	成对差分 均值	成对差分 标准差	成对差分 均值的标准误	差分的 95% 置信区间 下限	差分的 95% 置信区间 上限	t	df	Sig.（双侧）
对 1 实验前－实验后	-.1176375	.1199852	.424212	-.2179476	-.0173274	-2.773	7	.028

结果显示，配对样本 T 检验中 $p=0.028<0.05$，显示出了两组数据的显著差异，说明了实验课程的显著影响。

农业认知总正向比较（第一次问卷结果 1~8 题中 A 和 B 选项比例之和与第三次问卷结果 1~8 题中 A 和 B 选项比例之和比较）结果如表 5-9 至表 5-11 所示。

表 5-9　成对样本统计量（第一次与第三次问卷结果中 A、B 选项相比）

样　本	均值	N	标准差	均值的标准误
对 1　实验前	.293788	16	.1653871	.0413468
对 1　实验后	.377712	16	.1929648	.0482412

表 5-10　成对样本相关系数（第一次与第三次问卷结果中 A、B 选项相比）

样　本	N	相关系数	Sig.
对 1　实验前 & 实验后	16	.799	.000

表 5-11 成对样本检验（第一次与第三次问卷结果中 A、B 选项相比）

样　本	成对差分					t	df	Sig.（双侧）
^	均值	标准差	均值的标准误	差分的 95% 置信区间		^	^	^
^	^	^	^	下限	上限	^	^	^
对 1 实验前 – 实验后	−.0839250	.1166466	.0291616	.1460816	−.0217684	−2.878	15	.011

结果显示，配对样本 T 检验中 $p=0.011<0.05$，显示出了两组数据的显著差异，说明了实验课程的显著影响。

农业工作选择认知总正向比较（第一次问卷结果 6～8 题 A 和 B 选项比例之和与实验后第三次问卷结果 6～8 题 A 和 B 选项比例之和比较）结果如表 5-12 至表 5-14 所示。

表 5-12 成对样本统计量（第一次与第三次问卷第 6～8 题结果 A、B 选项相比）

样　本		均值	N	标准差	均值的标准误
对 1	实验前	.201917	6	.0359894	.0146926
^	实验后	.318833	6	.0898177	.0366679

表 5-13 成对样本相关系数（第一次与第三次问卷第 6～8 题结果 A、B 选项相比）

样　本		N	相关系数	Sig.
对 1	实验前 & 实验后	6	.828	.042

表 5-14　成对样本检验（第一次与第三次问卷第 6～8 题结果 A、B 选项相比）

样　本	成对差分					t	df	Sig.（双侧）
^	均值	标准差	均值的标准误	差分的 95% 置信区间					
^	^	^	^	下限	上限	^	^	^
对 1 实验前 - 实验后	-.1169167	.0633414	.0258590	-.1833894	-.0504439	-4.521	5	.006

结果显示，配对样本 T 检验中 p=0.006<0.05，显示出了两组数据的显著差异，说明了实验课程对于参加问卷的学生未来工作选择的显著影响。

农业创业认知（包括外贸农业创业）总正向比较（第一次问卷结果 7～8 题 A 和 B 选项比例之和与第三次问卷结果 7～8 题 A 和 B 选项比例之和比较）结果如表 5-15 至表 5-17 所示。

表 5-15　成对样本统计量（第一次与第三次问卷第 7～8 题结果 A、B 选项相比）

样　本		均值	N	标准差	均值的标准误
对 1	实验前	.192300	4	.0415539	.0207770
^	实验后	.315225	4	.1143587	.0571794

表 5-16　成对样本相关系数（第一次与第三次问卷第 7～8 题结果 A、B 选项相比）

样　本		N	相关系数	Sig.
对 1	实验前 & 实验后	4	.938	.062

表 5-17　成对样本检验（第一次与第三次问卷第 7～8 题结果 A、B 选项相比）

样　本	成对差分					t	df	Sig.（双侧）
^	均值	标准差	均值的标准误	差分的 95% 置信区间		^	^	^
^	^	^	^	下限	上限	^	^	^
对 1 实验前 – 实验后	-.1229250	.0767150	.0383575	-.2449957	-.0008543	-3.205	3	.049

结果显示，配对样本 T 检验中 $p=0.049<0.05$，显示出了两组数据的显著差异，说明了实验课程对于参加问卷的学生创业认知（包含外贸农业创业）的显著影响。

农业创业认知总正向比较（第一次问卷结果第 7 题 A 和 B 选项比例之和与实验后第三次问卷结果第 7 题 A 和 B 选项比例之和比较）果结如表 5-18 至表 5-20 所示。

表 5-18　成对样本统计量（第一次与第三次问卷第 7 题结果 A、B 选项相比）

样　本		均值	N	标准差	均值的标准误
对 1	实验前	.173050	2	.0272236	.0192500
^	实验后	.282600	2	.0306884	.0217000

表 5-19　成对样本相关系数（第一次与第三次问卷第 7 题结果 A、B 选项相比）

样　本		N	相关系数	Sig.
对 1	实验前 & 实验后	2	1.000	.000

表 5-20　成对样本检验（第一次与第三次问卷第 7 题结果 A、B 选项相比）

样　本	成对差分					t	df	Sig.（双侧）
^	均值	标准差	均值的标准误	差分的 95% 置信区间		^	^	^
^	^	^	^	下限	上限	^	^	^
对 1 实验前 - 实验后	-.1095500	.0034648	.0024500	-.1406802	-.0784198	-44.714	1	.014

结果显示，配对样本 T 检验中 $p=0.014<0.05$，显示出了两组数据的显著差异，说明了实验课程对于参加问卷的学生未来农业创业认知的显著影响。

农业认知总负向比较（第一次问卷结果 1～8 题中 C 和 E 选项比例之和与第三次问卷结果 1～8 题中 C 和 E 选项比例之和比较）结果如表 5-21 至表 5-23 所示。

表 5-21　成对样本统计量（第一次与第三次问卷结果中 D、E 选项相比）

样　本		均值	N	标准差	均值的标准误
对 1	实验前	.101513	16	.1165751	.0291438
^	实验后	.038044	16	.0580637	.0145159

表 5-22　成对样本相关系数（第一次与第三次问卷结果中 D、E 选项相比）

样　本		N	相关系数	Sig.
对 1	实验前 & 实验后	16	.875	.000

表 5-23　成对样本检验（第一次与第三次问卷结果中 D、E 选项相比）

样　本	成对差分					t	df	Sig.（双侧）
^	均值	标准差	均值的标准误	差分的 95% 置信区间		^	^	^
^	^	^	^	下限	上限	^	^	^
对 1 实验前 – 实验后	.0634688	.0715719	.0178930	.0253308	.1016067	3.547	15	.003

结果显示，配对样本 T 检验中 $p=0.003<0.05$，显示出了两组数据的显著差异，说明了实验课程的显著影响。

农业相关认知总负向比较（第一次问卷 1～5 题 D 和 E 选项比例之和与第三次问卷结果 1～5 题 D 和 E 选项比例之和比较）结果如表 5-24 至 5-26 所示。

表 5-24　成对样本统计量（第一次与第三次问卷 1～5 题结果 D、E 选项相比）

样　本		均值	N	标准差	均值的标准误
对 1	实验前	.100890	10	.1322886	.0418333
^	实验后	.043480	10	.0702604	.0222183

表 5-25　成对样本相关系数（第一次与第三次问卷 1～5 题结果 D、E 选项相比）

样　本		N	相关系数	Sig.
对 1	实验前 & 实验后	10	.896	.000

表 5-26　成对样本检验（第一次与第三次问卷 1～5 题结果 D、E 选项相比）

样　本	成对差分					t	df	Sig.（双侧）
^	均值	标准差	均值的标准误	差分的 95% 置信区间		^	^	^
^	^	^	^	下限	上限	^	^	^
对 1 实验前 – 实验后	.0574100	.0760384	.0240455	.0030154	.1118046	2.388	9	.041

结果显示，配对样本 T 检验中 $p=0.041<0.05$，显示出了两组数据的显著差异，说明了实验课程对于参加问卷的学生农业相关认知的显著影响。

农业工作选择认知总负向比较（第一次问卷结果 6～8 题 D 和 E 选项比例之和与第三次问卷结果 6～8 题 D 和 E 选项比例之和比较）结果如表 5-27 至 5-29 所示。

表 5-27 成对样本统计量（第一次与第三次问卷 6～8 题结果 D、E 选项相比）

样本		均值	N	标准差	均值的标准误
对 1	实验前	.102550	6	.0962637	.0392995
	实验后	.028983	6	.0327235	.0133593

表 5-28 成对样本相关系数（第一次与第三次问卷 6～8 题结果 D、E 选项相比）

样本	N	相关系数	Sig.
对 1　实验前 & 实验后	6	.885	.019

表 5-29 成对样本检验（第一次与第三次问卷 6～8 题结果 D、E 选项相比）

样本	成对差分					t	df	Sig.（双侧）
	均值	标准差	均值的标准误	差分的 95% 置信区间 下限	上限			
对 1 实验前 - 实验后	.0735667	.0690255	.0281796	.0011288	.1460045	2.611	5	.048

结果显示，配对样本 T 检验中 $p=0.048<0.05$，显示出了两组数据的显著差异，说明了实验课程对于参加问卷的学生农业就业以及创业认知的显著影响。

除了显著性差异外，从上面表格的对比当中也可以发现行动方案实验课程在各个方面都产生了一定的积极影响。因此，该行动方案给学生对于农业、农业创业以及外贸农业创业的积极认知和相关自我效能感都带来了显著性提高，未来将促使更多学生进行外贸农业创业，成为外贸农业创业复合应用型人才。

第二节　行动方案总结

回顾整个行动方案过程，从每个阶段的任务完成情况可以发现相关学生已具备基本的外贸跨境电商能力，从最后的数据分析结果可以发现相关学生对于农业的积极认知有所提高，更愿意选择农业领域进行就业及创业、更愿意进行外贸农业创业。结合调研结果以及行动方案结果可得，下面模式有利于鼓励更多的青年学子未来投身于外贸农业领域，模式图如图5-1所示。

第一，新闻媒体以及相关课堂上介绍更多农业创业尤其是外贸农创业案例，让更多的人了解农业发展现状以及未来前景，并鼓励相关学生在农业领域尤其是基于外贸跨境电商进行创业。

第二，相关专业可以开设跨境电商课程，更好地助力相关学生进行外贸农业创业。

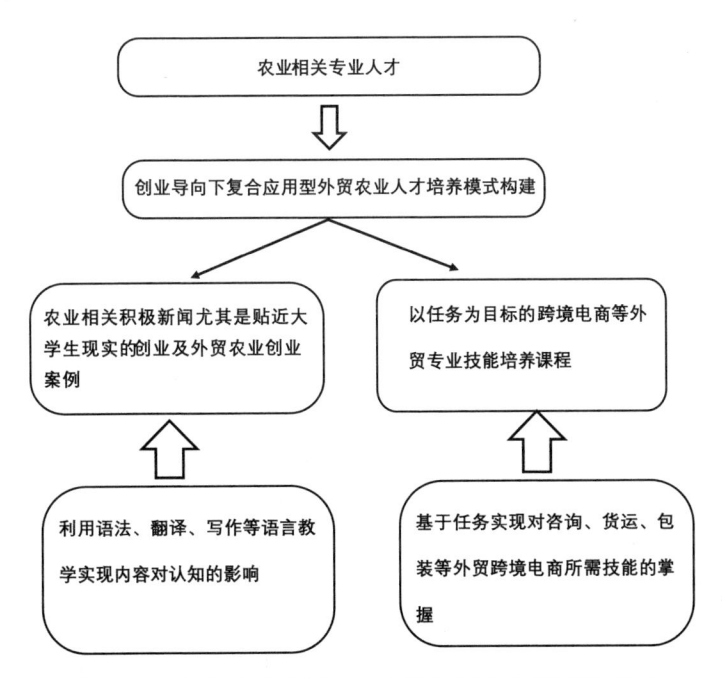

图 5-1　有利于鼓励学生未来投身于农业领域的模式

本研究的理论意义以及实践意义在于以下两点：

（1）本模式基于"专业＋认知＋技能"系统培养复合应用型人才，可以为创业型外贸农业人才培养提供具体指导；为我国创新创业型农业人才培养提供重要补充。

（2）本项目研究成果可以应用于涉农专业类及有志于农业领域创业的学生培养，提升农业类人才对农业的信心，培养更多复合应用型外贸农业人才，帮助更多的学生毕业后进行农业创业尤其是外贸农业创业等农业工作，促进我国的农业发展。

参考文献

[1] 习近平. 决胜全面建成小康社会 夺取新时代中国特色社会主义伟大胜利：在中国共产党第十九次全国代表大会上的报告 [EB/OL]. (2017-10-18)[2021-01-05]. https://www.12371.cn/2017/10/27/ARTI1509103656574313.shtml.

[2] 习近平. 在全国脱贫攻坚总结表彰大会上的讲话 [EB/OL]. (2021-02-25)[2021-04-05]. https://www.12371.cn/2021/02/25/ARTI1614258333991721.shtml.

[3] 李克强. 政府工作报告：2021年3月5日在第十三届全国人民代表大会第四次会议上 [EB/OL]. (2021-03-12)[2021-04-05]. http://www.gov.cn/premier/2021-03/12/content_5592671.htm.

[4] 李克强. 政府工作报告：2022年3月5日在第十三届全国人民代表大会第五次会议上 [EB/OL]. (2022-03-12)[2022-04-15]. http://www.gov.cn/premier/2022-03/12/content_5678750.htm.

[5] 新华社. 中华人民共和国国民经济和社会发展第十四个五年规划和2035年远景目标纲要 [EB/OL]. (2022-03-13)[2021-04-03]. http://www.gov.cn/xinwen/2021-03/13/content_5592681.htm.

[6] 中华人民共和国国务院办公厅. 国务院办公厅关于推进对外贸易创新发展的实施意见 [EB/OL]. (2020-11-09)[2021-02-03]. http://www.gov.cn/zhengce/content/2020-11/09/content_5559659.htm.

[7] 中华人民共和国国家统计局. 国家统计局、农业农村部有关负责人就2020年全国农业及相关产业增加值数据答记者问 [EB/OL]. (2022-01-14)[2022-03-03]. http://www.stats.gov.cn/tjsj/sjjd/202201/t20220114_1826336.html.

[8] 中华人民共和国商务部对外贸易司. 商务部外贸司负责人谈 2020 年全年我国对外贸易情况 [EB/OL]. (2021-01-14)[2021-01-14]. http://wms.mofcom.gov.cn/article/wmyxqk/202103/20210303046347.shtml.

[9] 中华人民共和国商务部对外贸易司. 商务部外贸司负责人谈 2021 年 1—4 月我国外贸运行情况 [EB/OL]. (2021-05-10)[2021-05-13]. http://wms.mofcom.gov.cn/article/wmyxqk/202105/20210503060337.shtml.

[10] 中华人民共和国商务部对外贸易司. 中国进出口月度统计报告：农产品 [EB/OL]. [2021-02-01]. http://wms.mofcom.gov.cn/article/zt_ncp/table/2019_12.pdf.

[11] 中华人民共和国商务部对外贸易司. 中国进出口月度统计报告：农产品 [EB/OL]. [2021-02-01]. http://wms.mofcom.gov.cn/article/zt_ncp/table/2020_07.pdf.

[12] 中华人民共和国商务部对外贸易司. 中国进出口月度统计报告：农产品 [EB/OL]. [2021-02-01]. http://wms.mofcom.gov.cn/article/zt_ncp/table/2020_03.pdf.

[13] 中华人民共和国商务部对外贸易司. 中国进出口月度统计报告：农产品 [EB/OL]. [2021-02-01]. http://wms.mofcom.gov.cn/article/zt_ncp/table/2020_04.pdf.

[14] 中华人民共和国商务部对外贸易司. 中国进出口月度统计报告：食用菌罐头 [EB/OL]. [2021-02-02]. http://wms.mofcom.gov.cn/article/zt_ncp/table/guantou_1912.pdf.

[15] 中华人民共和国商务部对外贸易司. 中国进出口月度统计报告：花卉 [EB/OL]. [2021-02-02]. http://wms.mofcom.gov.cn/article/zt_ncp/table/huahui_1912.pdf.

[16] 中华人民共和国农业农村部信息中心，中国国际电子商务中心. 全国农产品跨境电子商务发展报告（2020—2021）[EB/OL]. [2022-05-02]. http://www.moa.gov.cn/xw/bmdt/202112/P020211210717738836596.pdf.

[17] 中华人民共和国国家统计局. 国家统计局人口和就业统计司副司长孟灿文解读 2020 年城镇单位就业人员平均工资数据 [EB/OL]. (2021-05-19)[2021-05-20]. http://www.stats.gov.cn/tjsj/sjjd/202105/t20210519_1817670.html.

[18] 中华人民共和国国家统计局. 2020 年城镇私营单位就业人员年平均工资 57 727 元 [EB/OL]. (2021-05-19)[2021-05-20]. http://www.stats.gov.cn/tjsj/zxfb/202105/t20210519_1817668.html.

[19] 马原. 依托电商平台，推动农村产业升级：帮乡亲就业 助乡村振兴 [EB/OL]. (2021-03-25)[2021-04-12]. http://nrra.gov.cn/art/2021/3/25/art_4317_188019.html.

[20] 赵黎浩. 云南澜沧"产业 + 技能"模式留下带不走的产业、带不走的技能 脱贫后的生活越过越踏实 [EB/OL]. (2021-03-23)[2021-04-12]. http://nrra.gov.cn/art/2021/3/23/art_4316_187979.html.

[21] 常钦. 看得见摸得着 学了就能鼓腰包：话说新农村 [EB/OL]. (2021-02-25)[2021-04-12]. http://nrra.gov.cn/art/2021/2/25/art_4317_187382.html.

[22] 国务院第三次全国农业普查领导小组办公室，中华人民共和国国家统计局. 第三次全国农业普查主要数据公报：第一号 [EB/OL].(2017-12-14)[2022-06-06]. http://www.stats.gov.cn/tjsj/tjgb/nypcgb/qgnypcgb/201712/t20171214_1562740.html.

[23] 国务院第三次全国农业普查领导小组办公室，中华人民共和国国家统计局. 第三次全国农业普查主要数据公报：第五号 [EB/OL]. (2017-12-16)[2022-06-06]. http://www.stats.gov.cn/tjsj/tjgb/nypcgb/qgnypcgb/201712/t20171215_1563599.html.

[24] 国务院第三次全国农业普查领导小组办公室，中华人民共和国国家统计局. 第三次全国农业普查主要数据公报：第四号 [EB/OL]. (2017-12-16)[2022-06-06]. http://www.stats.gov.cn/tjsj/tjgb/nypcgb/qgnypcgb/201712/t20171215_1563634.html.

[25] 李俊豪，曹栩宁. 情怀"三农" 新农人为乡村振兴注入新生力量 [EB/OL]. (2021-10-29)[2021-12-12]. http://www.moa.gov.cn/xw/qg/202110/t20211029_6380844.htm.

[26] 南方日报. 广东喊全球吃荔枝五大洲共尝鲜甜 [EB/OL]. (2021-07-09)[2021-12-12]. http://www.moa.gov.cn/xw/qg/202107/t20210708_6371407.htm.

[27] 福建日报. 山区市的外贸逆袭之路 [EB/OL]. (2022-03-16)[2022-03-16]. http://fztb.mofcom.gov.cn/article/g/k/202203/20220303285881.shtml.

[28] 阿里巴巴国际中西部. 93年妹子另类卖花年入400万，生意做到40个国家 [EB/OL]. (2019-09-18)[2021-01-12]. https://supplier.alibaba.com/story/story/PX566PK4.htm?spm=a27am.12866437.list.1.665daeb6RS5HDx&joinSource=alibaba.

[29] 中华人民共和国海关总署. 助出口农产品打通电商新通道：青岛海关发挥贸易新业态优势助推外贸高质量发展 [EB/OL]. (2021-09-14)[2021-09-15].http://www.customs.gov.cn/customs/xwfb34/302425/3875338/index.html.

[30] 许永飞，谷树鹏，程鸿飞. 90后刘栋田的"外贸"路 [EB/OL]. (2018-07-24)[2021-02-12]. https://szb.farmer.com.cn/2018/20180724/20180724_004/20180724_004_2.htm.

[31] 崔陶然. 樱桃园成就创业梦 [EB/OL]. (2021-05-12)[2021-05-12]. https://szb.farmer.com.cn/2021/20210512/20210512_007/20210512_007_5.htm.

[32] 迪克.作为话语的新闻[M].曾庆香,译.北京:华夏出版社,2003.

[33] 马丁. Positive discourse analysis: solidarity and change[J].英语研究,2006,4(4): 21–35.

[34] BROWN G, YULE G. Discourse analysis[M]. London: Cambridge University Press, 2000.

[35] UNGERER F, SCHMID H J. An introduction to cognitive linguistics[M]. Beijing: Foreign Language Teaching and Research Press, 2001.

[36] KINGINGER C. Defining the zone of proximal development in US foreign language education[J]. Applied linguistics, 2002, 23(2): 240–261.

[37] SWAIN M, KINNEAR P, STEINMAN L. Sociocultural theory in second language education: an introduction through narratives[M]. Beijing: Foreign Language Teaching and Research Press, 2018.

[38] 马俊,郑汉金,杨云匀,等.实用外贸英语[M].北京:清华大学出版社,2015.

[39] 盛湘君.跨境电商交际英语[M].北京:外语教学与研究出版社,2016.

[40] 刘灵辉,唐海君,苏扬.农村大学生返乡创建家庭农场意愿影响因素研究[J].四川理工学院学报(社会科学版),2018,33(3): 1–20.

[41] 钟苹,魏海勇,马乔丹.农村籍大学生创业现状调查与对策研究[J].中国高等教育,2020(2): 40–42.

[42] 周晓璇,吴国卿.新时代背景下的大学生创新创业教育模式实证研究:以安徽农业大学为例[J].安徽农业大学学报(社会科学版),2018,27(6): 131–136.

[43] 张崇辉,张乐,苏为华.基于中小企业视角的跨境电商人才需求分析[J].调研世界,2020(7): 12–17.

[44] 廖润东.高职院校"八位一体、三段式"跨境电商人才培养模式探析[J].职业技术教育,2020,41(11): 37–40.

[45] 胡一波.浅析我国"跨境电商+农民专业合作社"模式的构建[J].辽宁农业科学,2019(4): 32–35.

[46] 马冬丽.走向批评性语言教学的外语教学法[J].教学与管理,2012(30): 124–125.

[47] 微观三农.2021年度"全国十佳农民"揭晓[EB/OL].(2021-09-23)[2021-09-30]. http://nmfsj.moa.gov.cn/rwcz/qgsjnm_25686/202109/t20210923_6377365.htm.

附录

附录1　第一份问卷

您好！本问卷是天津市教委科研计划项目（项目编号：2020SK152）的一项调查，调查研究的目的是为教学与研究提供数据。本问卷完全匿名，非常感谢您的配合！

1. 您的专业和农业相关吗？
   A. 相关　　B. 有一点相关　C. 不确定　　D. 不相关　　E. 完全不相关
2. 您认为目前农业发展：
   A. 好　　　B. 一般　　　C. 不确定　　D. 落后　　　E. 非常落后
3. 您认为农业发展前景：
   A. 好　　　B. 一般　　　C. 不确定　　D. 不好　　　E. 非常不好
4. 总体来说，您认为农业相关工作收入：
   A. 高　　　B. 一般　　　C. 不确定　　D. 低　　　　E. 非常低
5. 您认为农业相关工作除收入以外其他各方面条件总体上：
   A. 好　　　B. 一般　　　C. 不确定　　D. 不好　　　E. 非常不好

F. 关于您的上述第五个问题回答,您可以具体说一下其他各方面条件主要指的哪些方面条件吗?

_____

_____

6. 您希望未来在农业相关领域就业吗?

A. 希望　　B. 有一点希望　　C. 不确定　　D. 不希望　　E. 完全不希望

7. 您希望未来在农业相关领域创业吗?

A. 希望　　B. 有一点希望　　C. 不确定　　D. 不希望　　E. 完全不希望

8. 您希望未来在外贸农业相关领域创业(农业相关产品等出口)吗?

A. 希望　　B. 有一点希望　　C. 不确定　　D. 不希望　　E. 完全不希望

附录2　第二份问卷

您好! 本问卷是天津市教委科研计划项目(项目编号:2020SK152)的一项调查,调查研究的目的是为教学与研究提供数据。本问卷完全匿名,非常感谢您的配合!请您先阅读下面几段新闻,再回答问题:

第一段材料来自阿里巴巴国际中西部网站《93年妹子另类卖花年入400万,生意做到40个国家》。

永生花最早出现在20世纪的德国,多使用玫瑰、康乃馨、蝴蝶兰等品类的鲜切花,经过脱水、脱色、烘干、染色等工序制作而成。1993年出生的许兆英2015年大学毕业后选择了永生花进行创业。对于刚毕业一年的她来说,自主建厂资金压力太大,设备技术条件也不成熟,她决定通过与工厂合作采购永生花、自己设计组装的形式,在互联网上销售永生花。2016年10月,许兆英拉着几个朋友,成立了云南夏花贸易有限公司,通过互联网掘金海外市场,将中国的玫瑰花卖向了40多个国家。2018年,他们卖出了400万元的永生花,相当于42万朵玫瑰花鲜切花。

第二段材料来自农民日报网站《90后刘栋田的"外贸路"》,作者许永飞、谷树鹏、程鸿飞。

山东省冠县清水镇刘屯村的90后刘栋田大学毕业后选择返乡创业,他现在的新身份是冠县一家农产品出口公司的经理。刘栋田的老家刘屯村有着六十多年种植鸭梨的历史,过去种梨出来都是等待客户来收购。刘栋田考虑:怎么依托村里的果品资源优势,打造从产地到客户的一体化服务模式,实现就地收购、包装、加工,供应大超市或出口呢?为了破解创业中的问题,他先后到上海、深圳、香港等城市学习考察。如今,刘栋田的公司拥有果蔬包装车间2000平方米,保鲜冷库1500吨,出口备案果园800亩(1亩≈666.67平方米)。鲜梨、苹果长期出口到新加坡、马来西亚、印尼、中东迪拜等十几个国家。

第三段材料来自农民日报网站《樱桃园成就创业梦》,作者崔陶然。

在辽宁省法库县孟家镇美早樱桃园内,一串串"红玛瑙"挂满枝头,在绿叶间散发着诱人的鲜果醇香,充满勃勃生机的樱桃园,吸引八方来客前来体验田园采摘的乐趣。樱桃园的负责人张鹤和薛艇都是"80后",大学毕业后一直在外工作,后选择回乡创业,认定了土地里也能长出"金疙瘩",全力以赴为梦想打拼。两人拿出全部积蓄在孟家镇承包了20亩地(1亩≈666.67平方米)一心一意种樱桃。他俩能站在顾客的角度换位思考,快速确定了规模化、集约化、机械化、智能化的种植模式,及生态采摘、市场批发与网络平台三合一的销售模式。目前,当地的樱桃销售已从之前的"提篮叫卖"逐渐变为"网上抢购",樱桃园不仅实现了两个青年的创业梦,还为当地村民就近务工提供了条件。

1. 您的专业和农业相关吗?

A. 相关   B. 有一点相关   C. 不确定   D. 不相关   E. 完全不相关

2. 您认为目前农业发展:

A. 好   B. 一般   C. 不确定   D. 落后   E. 非常落后

3. 您认为农业发展前景:

A. 好   B. 一般   C. 不确定   D. 不好   E. 非常不好

4. 总体来说,您认为农业相关工作收入:

A. 高   B. 一般   C. 不确定   D. 低   E. 非常低

5. 您认为农业相关工作除收入以外其他各方面条件总体上：

A. 好　　B. 一般　　C. 不确定　　D. 不好　　E. 非常不好

F. 关于您的上述第五个问题回答，您可以具体说一下其他各方面条件主要指的哪些方面条件吗？

_____

_____

_____

6. 您希望未来在农业相关领域就业吗？

A. 希望　B. 有一点希望　C. 不确定　D. 不希望　E. 完全不希望

7. 您希望未来在农业相关领域**创业**吗？

A. 希望　B. 有一点希望　C. 不确定　D. 不希望　E. 完全不希望

8. 您希望未来在**外贸农业**相关领域**创业**（**农业相关产品等出口**）吗？

A. 希望　B. 有一点希望　C. 不确定　D. 不希望　E. 完全不希望